불교는 좋지만 출가는 겁나는 너에게

| 출가를 위한 법문 |

• 출가, 궁금해요?

'출가' 사이트 연결

• 출가 동영상

유튜브 '교육원' 채널

• 출가 상담전화 1666-7987

〈일러두기〉

- 1부 법문 '삶의 혁명, 출가'의 내용 중 일부는 『검색의 시대, 사유의 회복』(불광출판사)을 저자의 인용 허락을 얻어 게재한 것입니다.
- 2부 설법 자료 중 '싯다르타의 출가 이야기'는 『불교성전』(조계종출판사) 제3절 '세상의 괴로움을 보다'를 인용 허락을 얻어 게재한 것입니다. 이 외의 경전 출처는 각 글에 밝혀 두었습니다.
- 3부 출가 사례는 실제 출가 사례를 일부 각색한 것임을 밝힙니다.

불교는 좋지만 출가는 겁나는 너에게

| 출가를 위한 법문 |

편찬 대한불교조계종 교육원

담앤북스

불교는 좋지만 출가는 겁나는 당신께,

이 책은 출가의 의미와 중요성을 되새기고, 출가 홍보를 목적으로 발간되었습니다.

삼보 중 승보에 해당하는 출가자는 불교의 중추적인 역할을 수행합니다. 출가자는 부처님의 가르침을 전하고, 수행을 통해 세상에 자비와 지혜를 전파하는 역할을 합니다.

이 책은 출가 홍보를 위한 법문 자료집입니다. 총 3부로 구성되어 있으며, 1부에서는 출가의 의미와 중요성, 청소년을 위한 출가 법문, 청년을 위한 출가 법문, 은퇴자를 위한 출가 법문을 소개합니다. 2부에서는 경전에서 말하는 출가, 3부에서는 다양한 출가 사례 즉 소년출가, 청년출가, 일반출가, 은퇴출가 사례 등을 다루고 있습니다.

이 책을 통해 출가를 희망하는 이들이 출가의 길을 선택하는 데 도움이 되기를 바라며 많은 출가자들은 수행 정진에 매진하여 부처님의 가르침을 세상에 전파하는 데 앞장서기를 기원합니다.

감사합니다.

불기 2567(2023)년 10월

대한불교조계종 교육원장 **범해** 합장

목차

1부

법문

2부

경전에서 말하는 출가 설법

3부

출가 사례

1부

불교는 좋지만 출가는 겁나는 너에게

법문

삶의 혁명, 출가

구도자(求道者)!

길을 찾는 사람, 길을 가는 사람을 말합니다. 의미 있고 가치 있는 길을 찾고, 선택하고, 추구하며 살아가는 사람을 우리는 구도자라고 부릅니다. 석가모니 붓다께서 가셨던 길을 선택하고 그의 가르침을 수행하는 구도자를 우리는 출가수행자라고 부릅니다. 출가(出家)란 살고 있던 집에서 나왔다는 뜻입니다. 우리가 살고 있는 '그 어떤 집'을 떠나 '새로운 집'을 찾아 인생의 길을 간다는 뜻입니다.

그렇다면 왜 우리는 세상 사람들이 당연하게 또 익숙하게 살고 있는 집을 떠나 낯선 길, 새로운 길을 찾는 것일까요? 왜 인도라는 나라의 고타마 싯다르타 이래 이천오백여 년 동안 세계의 많은 사람이 새로운 집으로 깃들여 수행하고, 그 결실을 세상 사람들과 나누는 출가수행자의 길을 걸었고, 지금도 걷고 있을까요?

붓다 당시 최고의 지성을 가진 젊은 사람들이 세속의 부와 명예를 버리고 기꺼이 붓다의 집으로 들어왔습니다. 참된 삶을 고뇌하는 아시아의 숱한 사람들이 세속의 부귀영화를 단호하게 포기하고 붓다의 뒤를 따라 걸었습니다. 용수, 마명, 달마, 원효, 의상, 지눌, 경허, 만공, 용성 스님 등 역사에 이름을 남긴 수많은 지성이 자신의 길에서 세상의 빛이 되었습니다. 지금은 서구 유럽 등지에도 붓다의 길을 자기 삶의 해답으로 선택하는 사람들이 늘어나고 있습니다.

왜 세속적인 성공과 행복을 포기하고 해탈과 열반의 길을 가고 있을까요? 답은 분명합니다. 출가수행의 길이 참되고, 가치 있고, 의미 있고, 나와 이웃 모두에게 최고의 복된 삶을 주기 때문입니다. 붓다의 제자 우바리 존자와 조선 시대 서산 대사의 말씀을 통해 출가수행의 의미를 살펴보겠습니다.

> "신심을 가지고 부질없는 욕락을 버리고 참된 삶을 살겠다고 마음을 낸 출가자는 영원한 것과 영원하지 않은 것을

분명하게 선택하면서 가야 할 길만을 고고하게 걸어가라."

"출가하여 승(僧)이 되는 일이 어찌 작은 일이랴! 편안하게 한가함을 구하기 위함이 아니요, 따뜻한 옷과 잠자리와 배불리 먹기 위함이 아니다. 생사를 벗어나기 위함이요, 번뇌를 끊기 위함이다. 부처님의 지혜를 잇기 위함이요, 삼계를 벗어나 중생을 제도하기 위함이다."

두 분 말씀을 살펴보면 출가수행은 '삶의 전환'입니다. 가치의 전환이고 삶의 방식의 전환입니다. 재물 · 권력 · 명성을 타는 목마름으로 추구하는 삶이 성공이라는 착각, 감각의 충족이 행복이라는 착각, 타인의 시선과 평가에서 나의 행복을 증명하려는 삶의 태도. 이 모든 어리석고 부질없는 생각들을 벗어던지고 용기 있게 내 삶을 전환하는 선택이 곧 출가수행이라고 말하고 있습니다. 출가수행은 자기 삶의 위대한 혁명입니다.

싯다르타의 '위대한 포기'

이제 자기 삶의 전환을 고민하면서, 정직하고 냉철하게 떠나야 할 '집'에 대해 살펴보겠습니다. 먼저 석가모니 붓다라는 이름을 얻기 전의 고타마 싯다르타 왕자는 어떤 집에서 살았습니까? 잘 알다시피 싯다르타는 왕위 계승자인 왕자 신분으로 호화롭고 안락한 궁에서 살았습니다. 경전에는 봄과 가을, 여름, 겨울에 각각 적합한 세 개의 집에서 살았다고 전합니다. 집은 단순하게 주거 공간만을 의미하지는 않습니다. 살아가는 모든 환경을 뜻합니다. 싯다르타는 최고의 음식과 의복, 문화생활을 누렸고 최고의 교육을 받았습니다. 오늘날에도 '주거 신분 사회'라는 말이 있듯이, 싯다르타는 크샤트리아 계급의 최고 정점에서 그야말로 남부러울 것 없이 살았습니다.

싯다르타의 환경과 일상의 삶은 지금 세속의 많은 사람이 꿈꾸는 목표이기도 합니다. 그러나 싯다르타에게는 그런 집이 자유와 행복의 집이 아니라 불안과 속박의 집이었습니다. 이상하지 않습니까? 완벽한 조건의 환경에서 불안과 속박을 느끼고 살았다니 상식적으로 이해하기 힘듭니다.

여기서 우리는 깊이 그리고 다르게 생각해 봐야 합니다. 사람은 빵만으로는 행복한 삶을 살아갈 수 없다는 매우 상식적인 말을 되새겨 봅니다. 그렇습니다. 감각의 무한 추구와 충족으로도 해결되지 않는, 무언가 불안하고 허전한 삶을 싯다르타는 감지했습니다. 세상 사람들이 모두 부러워하는 삶이 싯다르타에게는 속박이고 불안이었습니다. 마음이 한없이 허허(虛虛)했던 것입니다.

그리고 또 싯다르타가 깊이 회의하고 주목했던 삶의 모습이 있었습니다. 싯다르타는 함께 살아가는 다양한 사람들의 모습에서 극심한 회의를 느꼈습니다. '왜 사람들은 투쟁하고 반목하며 살아가는가, 왜 이 사회는 차별과 억압이 존재하는가.'라는 물음이었습니다. 존재론적 회의와 사회적 회의가 싯다르타의 가슴을 짓눌렀습니다. 경전에는 싯다르타의 이런 통찰과 회의를 사문유관(四門遊觀)이라 하였습니다. 사문, 동서남북 네 개 방향은 모든 사람이 구체적으로 살아가는 세계를 말합니다.

사문유관 이전에 어린 왕자 싯다르타는 어느 봄날 열린 농경제에서 심한 충격을 받습니다. 대한불교조계종에서 발간한 『불교성전』에서 그 상황을 옮겨 보겠습니다.

> 농경제가 열린 어느 날, 태자는 신하들을 거느리고 마을로 내려갔다. 농부 한 사람이 땅을 갈아서 흙을 뒤집어엎는 모습을 지켜보다가 파헤친 흙에서 벌레가 꿈틀거리며 나왔는데 까마귀가 날아와 그 벌레를 쪼아 먹는 광경을 목격했다. 이어서 하

늘을 날던 독수리가 까마귀를 채어 날아가 버렸다. 뜨거운 햇빛을 피하지 못하며 여윈 몸으로 밭갈이를 하는 농부와 꿈틀거리는 작은 생명들이 서로를 잡아먹는 모습을 지켜보다가 태자는 농부에게 물었다. "쟁기질을 왜 하는 것입니까?" "곡식을 심어서 수확해 나라에 세금을 바치기 위해서입니다." 태자는 그 말을 듣고 탄식했다. '한 사람 때문에 백성이 근심하고 고생하는구나. 관리의 채찍질과 벌을 받게 될까 두려워 몹시 불안해하는구나. 목숨은 짧은데 근심은 길도다. 내뱉은 숨을 거두지 못하면 죽어서 이 세상을 떠나는데 다음에 어느 세상에 가게 될지 알지 못해 근심은 더욱 커지는구나. 생사윤회를 영원히 벗어날 길이 없으니 그 두려움을 무엇에 비유하랴. 태어났다 죽는 일의 두려움과 우환을 없앨 길은 없을까?'

짧은 인생을 두고 벌어지는 약육강식 승자독식의 삶에서 싯다르타는 회의했습니다. 삶의 진정한 의미를 고민했습니다. 그리고 동쪽 문밖에서 목격한 것은 모든 사람은 한 시절의 청춘을 유지하지 못하고 결국은 늙어 가며, 그 늙음에서 오는 불안과 고통을 피할 수 없다는 것이었습니다. 이어 남쪽 문밖에서는 모든 인간은 병을 피할 수 없다는 사실을, 서쪽 문밖에서는 모든 인간은 죽음을 피할 수 없다는 사실을 알았습니다. 왕족이고 귀족인 자신도 늙고 병들고 죽어감을 피할 수 없다는 사실에 회의하고 절망했습니다. 경전에서는 이렇게 문학적 구조와 서사로 싯다르타의 고뇌를 서술하지만, 이는 동서고금의 모든 삶의 구체적인 모습을 의미합니다. 몸과 목숨이 영원하지 않음에도 인간은 끝없이 영원한 청춘과 목숨과 부귀영화를 원합니다. 그것들이 지속될 수 있다는 착각 속에서 탐욕에 도취하고 서로 반목하고 투쟁하는 삶을 보았습니다. 그래서 그는 '다른 길'은 없을까 생각하다 마침내 그 실마리를 찾았습니다. 그것은 북쪽 문밖에서 수행자를 만난 것입니다. 불교 이전에 인도에는 여러 수행자가 있었습니다. 이런 수행자들을 사문(沙門)이라 불렀습니다. 싯다르타는 한 사문에게 묻습니다.

> "당신은 어떤 사람이며, 무엇 때문에 머리를 깎고 사람들과 다른 색의 옷을 입었으며, 손에는 주장자와 발우를 들고 걸식하면서 지냅니까?"
>
> "나는 출가한 사람입니다. 항상 착한 마음으로 착한 행동을 닦아서 몸과 말과 마음이 모두 청정하도록 하며, 속가를 떠나서 열반의 길에 올랐기 때문에 출가한 사람이라고 부릅니다."

사문의 말을 듣고 싯다르타는 비로소 길이 보였습니다. 불안과 속박에서 벗어난 평온과 자유의 길, 투쟁과 반목에서 벗어난 화합과 자애의 길이 보였습니다. 삶의 위대한 전환, 곧 출가수행의 길을 결심하였습니다. 그리고 출가하고 수행하여 마침내 열반을 성취한 붓다가 되었습니다. 평온과 기쁨이 넘치는 붓다의 삶을 보고 많은 사람이 출가수행자가 되었습니다. 이렇게 위대한 출가수행의 길은 오늘날까지도 이어지고 있습니다.

지금, 여기, 나의 길 찾기

이천오백여 년 전에 싯다르타의 고뇌와 길 찾기가 있었다면, 나의 고뇌와 길 찾기는 지금 시작해야 합니다. 길은 늘 '지금, 여기, 나'로부터 시작합니다. 지금 여기 우리는 어디에 서 있고 어디로 가고 있습니까? 참된 길, 모두에게 복된 길, 영원한 기쁨의 길을 가기 위해 우리는 어떤 집을 떠나야 할까요?

출가는 그동안 깃들여 머물던 삶의 터를 떠나는 것을 말합니다. 더 진정한 의미의 출가는 세속으로 상징되는 모든 가치와 삶의 방식을 뛰어넘는 새로운 가치와 삶의 방식의 선택입니다. 앞에서 말한 내 인생의 큰 전환입니다. 싯다르타의 출가를 '위대한 포기'라고 말합니다. 그렇습니다. 지켜야 할 가치를 위해 다른 것을 놓아 버리는 용기. 전환을 위해서는 기존의 가치를 단호하게 포기해야 합니다. 버려야 할 것을 버리지 않고 새로운 길을 찾는다는 것은 과욕이자 어리석음입니다.

그래서 싯다르타는 카필라성을 나와 출가할 때 다음과 같이 생각을 정리했습니다. '이 세상에는 세 가지 부류의 수행자가 있다. 첫째는 탐욕이 부질없음을 통찰하지 못하고 몸과 마음에 욕망을 품고 수행자 집단에 사는 사람들이다. 둘째는 마음으로는 탐욕이 부질없다는 판단을 하면서도 실제 생활에서는 탐욕의 행위를 끊지 못하는 사람들이다. 셋째는 몸과 마음에 탐욕을 멀리하고 수행하는 사람들이다. 나는 이 중에서 세 번째 수행자의 대열에서 깨달음을 얻으리라.' 참된 삶, 출가수행을 결심하기 전에 깊이 새겨야 할 말씀입니다.

붓다는 이 세상을 '삼계화택(三界火宅)'에 비유했습니다. 잘못된 세계관, 탐욕, 분노의 불길로 가득한 고통의 삶이라고 진단하였습니다. 현대사회를 사는 사람은 너무 많이, 깊숙이 자본주의적 사고와 삶의 방식에 길들어 있습니다. 대량 생산, 대량 소비, 대량 소유가 당연히 성공의 삶이고 행복이라 생각합니다. 그러나 이런 삶은 불안하고 공허한 결과만을 불러옵니다. 매우 익숙하고 당연하게, 오랫동안 집단적으로 동의해온 이러한 삶의 방식에 대한 비판적 사유와 반성적 뒤집기가 있어야 영원한 참된 길이 보입니다. 속박의 집에서 벗어남을 출가라고 하고, 자족과 평온, 자애의 삶을 살겠다는 결심을 발심(發心)이라고 합니다.

지금까지 삶의 전환, 삶의 혁명이라는 발심 출가의 이유를 짚어 봤습니다. 이제는 출가수행을 어떻게 해야 하는지를 대략적으로 살펴보기로 하겠습니다. 먼저 세간에 널리 알려진 왜곡된 출가수행자상을 극복하는 것이 중요합니다. 불교 승단에 대한 직접적인 정보가 그리 상세하지 않으니 사람들은 드라마, 영화, 소설 등에서 출가수행자의 이미지를 만납니다. 또는 재가자로서 특정 수행 방식을 경험하고 그것이 출가수행자의 정체성이라고 생각하기도 합니다.

왜곡된 이미지는 대략 이런 모습들입니다. 세상과 단절하고 도를 닦는 사람, 세상의 어떤 일에도 관심을 갖지 않고 오로지 마음 닦기에 집중하는 사람, 산중에서 깨달음을 위해 고행하는 사람, 혹은 염불하고 참선하고 경전을 읽는 사람의 이미지입니다. 출가수행자는 은둔하여 개인적 수행에만 몰두하면 된다는 것은 왜곡된 이미지입니다. 물론 최소한의 소유로 청정하게 살면서 마음을 정화하는 일은 중요합니다. 그러나 석가모니 붓다의 가르침에 의한 출가수행자의 모습은 아닙니다.

진정한 출가수행자의 모습은 석가모니 붓다에게서 찾아야 합니다. 그 모습은 우선 붓다의 여러 가지 명칭에서 찾을 수 있습니다. 붓다의 참모습과 공덕을 대개 다음과 같이 표현합니다. 진리를 수행하고 깨달으신 분(여래如來, 붓다佛陀, 정변지正遍知), 세상 사람들의 스승(무상사無上士, 천인사天人師), 어떤 고난과 장애에도 걸림이 없이 자유롭고 자애로우신 분(조어장부調御丈夫), 세상의 고난과 바람을 잘 이해하고 응답해 주시는 분(세간해世間解), 스승으로서 세간 사람들의 모범이 되고 존경을 받으시는 분(응공應供, 세존世尊)입니다. 이처럼 붓다의 명칭에서 보듯이 출가수행자는 탐욕과 분노의 뿌리를 뽑고 지혜와 자애로 삶을 전환하는 수행자입니다. 무지와 탐욕과 분노로 가득한 세상 사람들에게 지혜와 자애의 삶으로 길을 안내하는 스승입니다. 출가수행자는 지혜의 스승이며 자애의 길잡이입니다. 수행자이며 동시에 진리를 전하는 전법자가 곧 출가수행자입니다. 붓다의 탄생 선언을 새겨 보면 출가수행자는 곧 세상 사람들을 행복과 안락의 길로 인도하는 전법자입니다. "이 세상 모든 사람이 고통에 헤매고 있으니 내 마땅히 이들을 구제하리라." 이런 삶의 길이라면 참으로 멋있고, 격조 높고, 성스럽지 않습니까?

출가수행자의 길

만약 이런 삶을 선택하겠다는 발심을 하고 불문에 들어온다면 그다음에는 어떻게 수행을 해야 할까요? 그 길을 대략적으로나마 안내하겠습니다.

출가자의 길에 들어서면 다시 한번 크게 다짐해야 합니다. 무엇을 다짐해야 할까요? 그것은 초발심(初發心), 처음 마음먹었던 다짐입니다. 삶의 가치와 방식을 근본적으로 전환하겠다는 처음 마음이 어떤 어려움에도 흔들리지 않고 굳건해야 합니다. 초발심의 텃밭에서 아름다운 깨달음의 꽃을 피우고 열매를 맺겠다는 다짐, 그 다짐을 불교 용어로 원력(願力)이라고 합니다. 그래서 출가수행이 결실을 보려면 '발심'과 '원력'이 굳건해야 합니다.

길은 그저 열리지 않습니다. 불문에 입문하여 수계를 받고 수행자의 옷을 입었다고 굳건한 발심과 원력이 저절로 유지되지는 않습니다. 끝없이 자신을 성찰하고 게으름 없이 정진할 때 발심은 더욱 성숙하고 원력은 더욱 힘을 얻습니다.

발심하여 수행자가 되겠다고 불문에 들어오면 어떤 과정을 거치면서 수행하고 전법하는지 간략히 설명하겠습니다. 먼저 인연 있는 절에 들어가서 스님이 되겠다고 하면, 일정한 심사를 거쳐 6개월 정도 기초 수행을 하게 됩니다. 이런 과정 중에 계신 분들을 행자라고 합니다. 행자는 앞으로 평생 사찰에서 살아가는 데 필요한 기본 소양 교육을 받게 됩니다. 기초 염불의례, 기초 경전 공부, 참회와 성찰의 수행법을 배웁니다. 행자 과정을 마치면 전국 사찰의 행자들이 모여 보름 정도 연수를 받습니다. 그리고 일정한 심사를 거쳐 합격하면 사미계 · 사미니계를 받고 예비 수행자의 자격을 얻습니다. 이후 종단이 지정하는 여러 교육기관에서 의무교육에 해당하는 기본교육과정을 4년 동안 이수합니다. 동국대학교, 중앙승가대학, 기본선원 그리고 사찰의 승가대학이 기본교육기관입니다. 이곳에서 본격적으로 불교 경전과 불교사상에 대한 여러 교육을 받습니다. 초기불교, 대승불교, 선불교, 불교와 사회 등 수행자로서 갖추어야 할 공부를 합니다. 이 기본교육과정을 마치면 일정한 심사를 거쳐 비구계 · 비구니계를 받고 정식 스님이 됩니다. 이후 대학원, 선원 등지에서 교학과 선 수행을 자유롭게 할 수 있습니다. 그리고 충분한 소양과 실력을 갖추면 선 수행, 전법, 문화, 복지 등의 분야에서 개인의 원력에 따라 다양한 활동을 합니다.

이런 수행자의 과정을 대략적으로나마 설명하는 이유가 있습니다. 출가수행자의 삶에 대한 오해가 있기 때문입니다. 출가수행의 길을 선택하면 평생 세상과 단절된 삶을 살아야 하고, 자신의 능력을 펼칠 수 없으며, 은둔과 통제의 환경에 놓이게 된다는 등 온갖 부정적인 오해가 있습니다. 그리고 절집 생활이 매우 무겁고 활기가 없다고 생각합니다. 또 자신의 부모와 친족들과 평생 절연하거나 거리를 두고 살아야 한다는 오해도 있습니다.

그러나 전혀 그렇지 않습니다. 석가모니 붓다는 왕자의 지위와 풍족한 삶을 버리고 출가 사문이 되었지만 세상 사람들과 단절되지 않았습니다. 35세에 깨달음을 얻고 붓다가 되어 붓다의 나라 카필라에 들어가 친족에게 안온과 행복의 길을 열어 주셨습니다. 어느 곳에서든지 동네 사람들에게 밥을 얻어 먹었으며, 그들의 삶을 살폈고, 그들의 소리를 들으셨습니다. 그리고 동네 사람들에게 지혜의 법을 전하고 자애의 손길을 내미셨습니다. 붓다는 평생 사람들 곁을 떠나지 않으셨습니다. 지금 여기 우리 출가수행자의 삶도 이와 같아야 합니다. 출가수행자는 자신을 잘 가꾸고 세상 사람들과 함께 법을 나누는 스승이자 벗입니다. 출가수행은 석가모니 붓다가 평생 구체적이고 사실적으로 살았던 그 행적을 따르는 길입니다. 그러니 결코 개인의 능력이 묻히거나 세상과 단절된 삶이 아니라는 점을 잘 인식해야 합니다.

내 삶의 주인공은 '나'

출가수행자의 길을 걷겠다고 발심하고 원력을 펼칠 때 주의하고 명심해야 할 것이 있습니다. 먼저 내 삶의 주인공은 곧 '나'라는 사실을 확립해야 합니다. 오염되고 혼란한 세속이 나를 힘들게 만들어서 삶의 공간을 절로 옮긴다고 한들 내 마음이 즉시, 저절로 고요하고 청정해지지는 않습니다. 비록 절이 수행하기에 적합한 환경일지라도 자신에게 깃든 사고와 행위의 습관은 금세 저절로 소멸되지 않습니다. 꾸준히 노력하고 정진하는 수행 없이 삶은 좋은 쪽으로 전환되지 않습니다. 그런데 간혹 절에 입문하여 수행자가 되면 만사가 저절로 해결될 것이라는 환상을 가지는 사람들이 있습니다. 나의 삶을 만들어 가고 변화시키는 주체는 나이고, 그 동력은 나의 정진임을 잊지 말아야 합니다.

또 주의하고 명심해야 할 것이 있습니다. 절에서 스승이나 선배, 동료 수행자들이 나의 마음에 맞지 않거나, 혹은 실망스러운 상황을 겪게 되더라도 결코 초발심이 흔들려서는 안 됩니다. 승단도 역시 사람이 살아가는 곳입니다. 완성을 위하여 부족하고 미숙한 사람들이 살아가는 곳이라는 상식적인 사실을 염두에 두어야 합니다. 절집에서도 인간관계의 갈등을 극복하지 못하고 좌절하는 사람들을 간혹 보게 됩니다. 남탓을 하는 태도는 결코 발심한 수행자의 자세가 아닙니다. 나에게 맞지 않는 환경 속에서도 자신을 성찰하고 참나를 가꾸어 가겠다는 인욕과 자애의 자세가 평생 수행의 길을 굳건하게 할 것입니다.

그리고 수행자는 늘 익숙해지는 상황과 관성을 조심해야 합니다. 사람의 속성은 무언가에 익숙해지면 나태하고 방종하게 되고 교만해집니다. 수행은 나의 성찰과 반성이고 변화와 성숙입니다. 그 길이 바로 참나를 만들어 가는 깨달음의 과정입니다. 또 하나 명심할 것이 있습니다. 세상 사람들의 은혜를 깊이 생각하면서 수행하고 전법해야 합니다. 수행자의 밥, 옷, 책값, 교통비 등 모든 것들은 세상 사람들의 노동에서 온 것입니다. 나의 이웃이고 벗인 그들이 왜, 무엇을 위해서 수행자에게 의지하고 후원하는지를 잊지 않는다면 수행의 길에서 나태하고 방종하는 일은 없을 것입니다.

마지막으로 붓다의 전법 선언과 열반 유훈을 새기며 발심 수행의 의미를 굳건하게 다져 보겠습니다.

> 비구들이여, 나는 천상과 인간 세계의 모든 올가미에서 벗어났습니다. 그대들도 천상과 인간 세계의 모든 올가미에서 벗어났습니다. 많은 사람의 이익을 위해, 많은 사람의 안락을 위해, 세상을 연민히 여겨 천상과 인간의 이익과 안락을 위해 길을 떠나십시오. 둘이서 같은 길을 가지 마십시오. 비구들이여, 처음도 훌륭하고 중간도 훌륭하고 마지막도 훌륭하며, 내용을 갖추고 형식이 완성된 가르침을 설하십시오. 지극히 원만하고 오로지 청정한 거룩한 삶을 실현하십시오. 본래부터 티끌이 거의 없는 사람들이 가르침을 듣지 못해 쇠퇴하고 있습니다. 그들이 가르침을 들으면 깨달을 것입니다. 비구들이여, 나도 가르침을 펴기

위해 우루벨라 장군촌으로 가겠습니다.

-전법 선언-

비구들이여, 이제 참으로 그대들에게 당부합니다. 형성된 것들은 소멸하기 마련입니다. 게으르지 말고 해야 할 것을 모두 성취하십시오. 이것이 여래의 마지막 유훈입니다.

-열반 유훈-

좋은 인연, 아름다운 만남

[청소년을 위한 법문]

좋은 인연

여러분 안녕하세요?

오늘도 참 좋은 인연으로 만나게 되어 너무나 기뻐요.

여러분들도 그렇게 생각하나요?

와! 여러분도 그렇게 생각한다고요? 하하.

그런데 아마도 여러분들 중에 어떤 사람은 그렇게 생각하지 않을 수도 있어요. 지난주와 같은 법당, 같은 친구들, 그리고 같은 스님(법사님)이라 정말로 참 좋은 인연이라는 것이 실감이 나지 않을 수도 있어요.

그런데 말입니다.

이 세상에 우리가 태어날 확률은 얼마일까요?

우선 생명이 자랄 수 있는 우주가 발생할 확률, 그 우주에서 인간종(種)이 나타날 수 있는 행성의 발생 확률, 그리고 그 행성에서의 인간종의 역사에서 나의 발생 확률을 곱하면 각자 태어날 확률이 나오겠죠.

계산되셨나요?

자, 정답은?

예. 정답은 10의 935억 5,340만 260승 분의 3이라고 합니다.

이 숫자가 어떤 건지 저도 사실 잘 모르겠어요. 다만 우리의 부모님이 결혼해서 여러분들을 낳을 확률이 100조 분의 1이라고 해요. 그런 여러분들이 지금 여기에서 만나는 확률은 정말 대단하다고 볼 수 있죠.

부처님께서는 우리가 사람으로 태어나는 확률에 대해 '맹구우목(盲龜遇木)'과 '조갑상토(爪甲上土)'의 비유를 들어서 말씀해 주셨어요.

'맹구우목'의 비유는 눈먼 거북이가 깊은 바닷속에서 살다가 100년마다 한 번씩 수면 위로 나와 숨을 쉬는데, 그때 바다 위를 떠다니던 구멍 뚫린 나무판자에 머리가 낄 확률이 사람으로 태어날 확률이라는 것입니다. '조갑상토'의 비유는 손톱 위에 올린 흙과 이 세상의 모든 흙의 양을 비교하여 사람으로 태어나기가 매우 어렵다고 표현한 것입니다.

그런데 말입니다.

불교에서는 이게 다가 아닙니다.

불교에는 네 가지 얻기 어려운 것이 있다는 '사난득(四難得)'이라는 말이 있습니다. 사난득이란 첫째, 사람의 몸 받기 어렵다고 하여 인신난득(人身難得)이라고 하며 둘째, 장부 되기 어렵다고 하여 장부난득(丈夫難得)이라고 하는데 이는 여러분들과 같이 사람의 몸을 받았을 뿐만 아니라 건강하고 아름다운 남녀로 성장하기가 어렵다는 의미지요. 셋째, 게다가 우리는 다행히 부처님 가르침을 만나는 행운을 얻었지만 보통 사람들은 부처님 법을 만나기 어려워서 불법난봉(佛法難逢)이라고 하지요. 마지막으로 넷째, 부처님 법을 만나더라도 스님 되기 어렵다고 하여 위승난행(爲僧難行)이라고 합니다.

일단 우리는 지금 여기에서 그토록 어렵다는 사난득 가운데 이미 세 가지를 얻었으니 이 얼마나 대단한 일입니까?

여러분들, 그렇게 생각하신다면 우리 다 함께 큰 박수로 오늘의 이 자리를 경축해 봅시다.

사람의 몸으로 태어나, 건강하고 아름답게 잘 성장하여, 귀하디 귀한 부처님의 가르침을 함께 나누게 된 이 인연이야말로 참 좋은 인연입니다.

참 좋은 인연으로 만나서 정말 기쁘고 반갑습니다.

아름다운 만남

오늘 여러분과 저의 만남이 참 좋은 인연이라 기쁘고 반갑다고 말했는데, 일상의 만남도 소중하고 귀한 인연인데 특히 더 좋은 인연이라고 하는 이유는 무엇일까요?

그것은 오늘의 만남이 '새로운 세상에 눈을 뜨는 만남'이라서 참 좋은 인연이라고 한 것입니다. 이미 눈을 뜨고 세상을 잘 보고 있는 여러분들에게 새삼스럽게 들릴 수도 있겠지만, '새로운 세상에 눈을 뜬다.'라는 말은 무슨 의미일까요?

우리는 우리도 모르게 부모님의 눈, 선생님의 눈, 더 나아가 사회 통념의 눈으로 세상을 보아 왔습니다. 그래서 언제부터인가 '진정한 나'는 어디론가 사라지고 '나 아닌 나'의 눈으로 세상을 바라보고 살기도 합니다. 다시 말하자면 여러분들이 각자 자신의 관점으로 세계를 근본적으로 인식하는 방식이나 틀인 세계관(世界觀, worldview)이 없이 살기도 한다는 말입니다. 그래서 흉내 내는 삶, 비교하는 삶 그리고 자아를 상실한 삶을 살 수도 있게 된다는 의미입니다. 여러분들이 너무나 잘 알고 있는 애플 사(社)의 창업자 스티브 잡스는 이런 이야기를 남겼습니다.

당신에게 주어진 시간은 제한되어 있습니다. 그러니, 그 시간을 헛되이 버리지 마세요. 다른 이들의 생각의 결과물인 그들의 주장이나 해야 한다는 논리들에 갇혀 다른 누군가의 삶을 살면서 말이지요.

Your time is limited, so don't waste it living someone else's life. Don't be trapped by dogma – which is living with the results of other people's thinking.

여러분! 새로운 세상은 소위 고정관념이나 다른 사람들이 만든 상식의 안경을 벗고 진정 여러분의 눈으로 보아야 비로소 우리 앞에 펼쳐집니다.

그런 의미에서 제가 옛날이야기 하나 해드리지요.

중국 당나라 때의 일화입니다. 예나 지금이나 스님들은 보통 법당에서 가부좌로 앉아서 참선 수행을 하지 않습니까? 그런데 높은 나무 위에 앉아 참선하는 모습이 새의 보금자리 같다고 해서 조과 선사(鳥窠 禪師)라고 불렸던 스님이 계셨어요. 그는 도림 선사(道林 禪師)라는 고승이셨습니다.

어느 날 그 도림 선사에게 항주 태수가 찾아옵니다. 그는 이백, 두보, 한유와 더불어 당나라의 유명한 시인 중 한 사람인 백낙천이었습니다. 그런데 그는 주변의 많은 사람이 칭송하는 고승을 시험해 보려는 건방진 마음으로 도림 선사를 찾아온 것입니다. 그는 높은 나무 위에서 위태로워 보이는 도림 선사에게 "스님, 그 위는 위험하니 어서 내려오세요."라고 소리쳤다고 합니다. 그런데 도림 선사는 태연하게 "그 말을 하는 당신이 더 위험하다."라고 대답했습니다. 백낙천은 그 말을 듣고, 소위 출세하여 관리가 되고 시인으로서 명성을 쌓아 교만에 빠져 있던 자신을 발견하게 됩니다. 도림 선사의 말씀처럼 아무리 높은 벼슬을 성취하였더라도 모함을 받으면 하루아침에 파직당하고 귀양을 가기 일쑤인 세상 이치에 매일 근심과 걱정 속에 살고 있던 자신을 깨닫게 되었던 것이지요. 도림 선사가 백낙천의 눈을 뜨게 한 이러한 만남은 아름다운 만남입니다.

도림 선사와 백낙천처럼 우리가 만나서 부처님의 가르침을 받아 '영원하고 즐겁고 자유자재한 참나[眞我]로 살 수 있는 깨끗하고 새로운 세상'을 볼 수 있어서 우리의 만남은 참으로 아름다운 만남입니다.

그런데 말입니다.

'영원하고 즐겁고 자유자재한 참나로 살 수 있는 깨끗하고 새로운 세상'이 진정 존재할까요? 핵전쟁이 일어나면 지구는 멸망할 수도 있고, 공부하는 것도 힘들고, 뭐 하나 쉬운 일이 없는데 세상은 영원하고 즐겁기만 하다니 실감이 나지 않죠? 그리고 자식으로서 시민으로서 내 마음대로 자유자재할 수 없는 게 현실이고, 거리에는 쓰레기도 많고 연일 범죄도 발생하는 세상이 자유자재한 참나로 살 수 있고 깨끗한 세상이라니 잘 이해가 되지 않죠?

왜 똑같은 세상이 다르게 보일까요?

세상을 보는 눈이 다르기 때문입니다.

백낙천이 출세도 하고 명예도 높아지니 세상이 살맛 나는 곳이라고 착각했듯이 우리도 공부를 잘해서 명문 대학에 입학하고 좋은 직장에 취직해서 돈을 많이 버는 것이 세상을 잘 사는 것이라 막연히 생각하며 살아갈 수도 있습니다. 사람들이 살아가는 대로 평범하게 별 고민 없이 살아가는 것이 정상이라고 생각할 수도 있습니다. 그것이 비윤리적이라고 비난할 수도 없습니다.

그러나 대개 우리가 자신의 선택 없이 유치원, 초등학교에 다녔던 것처럼 중학교와 고등학교를 졸업하고 대학에 진학한다면 우리의 삶은 자신의 것이 아닐 수 있습니다. 지금까지 가슴이 설레고 벅찬 의욕이 끓어오르지 않았다면 그리고 앞으로 특별히 하고 싶은 일도 없고 계획도 세우기 싫다면 나는 나의 삶을 온전히 사는 것이 아닐 가능성이 큽니다.

나의 삶을 온전히 살지 못하는 사람의 눈에는 '세상은 헛되고 괴롭고 거짓 나로 억지로 살아가는 지저분한 세상'으로 보입니다. 그러니 세상살이가 다 그렇고 그런 것이니 할 수 없이 대충대충 살고, 조금이라도 자신에게 이롭게 하려고 생각 없이 경쟁하고, 나의 결정이나 선택이 아닌 다른 사람들과의 비교를 우선하여 사는 불안하고 결핍된 삶을 행복이라고 착각하며 살 수도 있다면 아찔하지 않나요?

혹시 여러분들은 그런 생각이 든 적이 없나요?

우리는 부처님의 가르침을 받아 새로운 세상에 눈을 뜹니다.

부처님의 가르침은 밝고 따뜻합니다.

부처님의 지혜는 어두운 세상을 밝게 비춰 세상의 진실을 보여 줍니다. 부처님의 자비는 세상을 따뜻하게 보살펴 모두가 편안하고 즐겁고 성장하게 합니다. 그래서 부처님의 눈으로 세상을 보면 세상은 영원하고 즐겁고 자유자재한 참나로 살 수 있고 깨끗합니다.

우리는 부처님처럼 세상을 밝고 따뜻하게 살아야 하겠지요?

맑고 희망찬 길

여러분, '영원하고 즐겁고 자유자재한 참나로 살 수 있는 깨끗하고 새로운 세상'을 사는 방법이 무엇일까요?

맞습니다!

바로 부처님이 되는 것이지요.

그럼 부처님은 어떻게 될까요?

과연 우리가 부처님이 될 수 있을까요?

이 시대의 부처님은 어떤 모습일까요?

(다양한 대답을 충분히 잘 들어준 다음)

여러분! 여러분들의 대답이 모두 훌륭합니다.

여러분의 이야기를 들으니 저는 부처님이 되기로 발심하고 수행하시는 스님들이 생각났어요.

그분들은 대부분 경쟁과 대립보다는 화합하는 새로운 길을 모색하고 평화와 행복을 선택하여 자유인의 삶을 살아갑니다. 조급함도 없고 지루함도 없고, 결핍된 삶도 넘치는 삶도 아닌 담백한 삶을 즐깁니다. 또 치열한 구도 정신으로 수행하시고 수행이 깊어질수록 온화하고 다정하게 그리고 겸손하게 세상을 어루만져 주십니다. 그래서 그분들을 어떤 사람은 '세상에서 가장 아름다운 옷'을 입은 분들이라고도 합니다. 스님의 옷인 회색의 승복에 바로 그런 의미가 있기 때문입니다.

이러한 스님들은 여러분들처럼 부처님의 가르침을 받아 새로운 세상에 눈을 뜨기 위해 발심을 하고 수행자로서 맑고 희망에 찬 길을 걷고 계십니다. 그리고 스님들도 여러분들과 같은 중고등학생 시절이 있었고, 여러분들과 같이 학교 공부나 친구 때문에 고민했던 경험들이 있습니다. 그런 의미에서 스님들이 절에서 수행하고 일반인처럼 직장생활을 하지 않는다고 하여 우리와 전혀 다른 외계인이라 생각하는 사람들은 없겠죠?

다만 스님들은 한편으로는 끊임없이 진리를 깨닫기 위해 수행하고 한편으로는 온 우주 만물을 사랑하고 그들과 나누고 베푸는 것을 멈추지 않는 삶을 삽니다. 앞서 사난득 중 스님 되기 어렵다고 하여 '위승난행(爲僧難行)'이 있다고 배웠습니다. 여러 형태의 삶의 방식 중 스님의 삶을 산다는 것은 참으로 많은 복과 지혜를 쌓지 않고는 누리기 어렵다는 의미이기도 해요. 그런데 오늘 저는 진로와 진학의 차원에서 또 하나의 삶의 방식으로 스님의 길인 맑고 희망찬 길을 설명하려고 합니다.

사람은 각자 생긴 것이 모두 다르듯 각자 추구하는 삶의 방식도 다양합니다. 그런데 우리는 제대로 생각해 볼 틈도 없이 비슷한 삶의 방식을 선택하게 되지요. 그래서 매일 아침 상쾌하게 일어나 하루를 설레는 마음으로 시작하는 것이 아니라, 할 수 없이 살아가는 일상을 의미 없이 시작하는 삶을 살 수도 있습니다. 여러분들이 삶의 주인공으로 살아가려면 우선 자신의 강점을 잘 찾아내는 것이 좋습니다. 강점은 여러분들이 잘하거나 좋아하는 일에 어떤 능력이 보태진 것입니다. 여러분들은 누가 뭐라고 해도 불교와 인연이 깊고, 불교를 좋아하고, 불교를 잘 실천하는 장점이 있어요. 여기에 동국대학교나 중앙승가대학 같은 불교 교육기관에서 불교를 공부하고 관련 자격증을 취득한다면 여러분들 인생의 강점이 되는 겁니다.

여러분들은 이 강점을 가지고 행복한 인생을 살아갈 수 있다고 저는 확신합니다.

저뿐만 아니라 종단도 그렇게 생각합니다. 그래서 여러분들이 스님의 길을 선택하게 되면 대학 공부의 일체 등록금과 수업비 전액을 지원합니다. 졸업 후에는 군승(軍僧)으로 복무하며 군 포교에 전념할 수도 있고 종립학교의 교법사나 대학 교수, 불교 언론기관이나 복지기관, 그리고 사찰 종무소 등의 행정 기관에서 중책을 맡는 불교 핵심 인재가 될 수 있도록 관심과 지원을 아끼지 않을 것입니다.

여러분!

이러한 길은 치열한 경쟁이나 성과 위주의 비정하고 외롭고 힘든 길이 아닌, 존경받고 품위 있는 그리고 무엇보다 하는 일 자체가 사회에 좋은 영향을 미친다는 공통점이 있습니다.

여러분!

좋은 인연으로 아름답게 만나 밝고 따뜻한 삶을 위해 이 맑은 희망의 길을 함께 걸어 보지 않으시겠습니까?

영원한 행복, 완전한 자유

[청년을 위한 법문]

사람은 무엇을 위해서 살까요? 사람이 살아가는 인생의 목적은 무엇일까요?

사람마다 생각하는 답이 다를 것입니다. 하지만 저마다 다른 답이라 할지라도 그 모든 답의 결론을 한 단어로 표현한다면 '행복'이라고 말할 수 있습니다. '행복'이야말로 사람이 살아가는 이유와 목적일 것입니다.

모든 존재는 행복하기를 원합니다. 모든 사람은 행복하기 위해서 살아갑니다. 그런데 생각하는 행복의 의미와 관점이 저마다 다릅니다. 어떤 사람은 행복의 기준을 '성공'이라고 말합니다. 어떤 사람은 행복의 기준을 '돈', '명예', '권력'이라고 말합니다. 어떤 사람은 행복의 기준을 '건강' 혹은 '사랑'이라고 말합니다.

지금으로부터 2,500여 년 전 '영원한 행복, 완전한 자유'를 위해 진리의 등불을 환하게 밝힌 분이 계십니다. 바로 석가모니 부처님입니다. '석가모니'는 '석가족에서 출현한 성자'라는 뜻입니다. '부처'는 '눈을 뜬 자, 깨달음을 얻은 자'라는 뜻입니다. 석가모니 부처님은 인류 역사의 위대한 스승입니다.

지금으로부터 2,500여 년 전에 인도의 작은 나라 카필라국에서 왕자가 태어납니다. 아버지는 정반왕이요, 어머니는 마야부인입니다. 태어난 왕자의 성은 '고타마'입니다. 이름은 '싯다르타'라고 지었습니다. '고타마'는 '좋은 소'라는 뜻입니다. '싯다르타'는 '완전히 이루어지다'라는 뜻입니다. 고타마 싯다르타 왕자는 훗날 완전한 깨달음을 얻고 석가모니 부처님이라고 불리게 됩니다.

싯다르타가 태어나고 일주일 후에 어머니 마야부인이 세상을 떠납니다. 그래서 어렸을 때부터 더욱 많은 관심과 애정 속에서 성장하게 됩니다. 싯다르타 왕자가 소년이었을 때의 일입니다. 아버지 정반왕과 함께 농사가 잘되기를 기원하는 농경제에 참석하게 됩니다. 수많은 사람이 참여하며 농경제가 펼쳐집니다. 그때 밭을 경작하는 농부들의 모습도 보입니다. 흙과 땀에 젖어 힘들게 일하는 사람들의 모습을 보며 싯다르타는 애처로움을 느낍니다. 파헤친 흙 속에서 벌레가 나타납니다.

어디선가 작은 새가 나타나 벌레를 물고 날아갑니다. 순간 큰 매가 날아와서는 벌레를 물고 있는 작은 새를 발톱으로 움켜잡고 유유히 사라집니다.

이 모습을 목격하고 싯다르타는 큰 충격에 빠집니다. 살아 있는 것이 살아 있는 것을 잡아먹는 참혹한 약육강식의 모습을 눈으로 보며 깊은 고민에 빠지게 됩니다. 충격과 혼란 속에서 싯다르타는 자리를 빠져나와 큰 나무 밑 그늘에서 조용히 깊은 명상에 들어갑니다. 어린 나이의 싯다르타는 힘들고 괴로운 사람들에 대한 연민과 먹고 먹히는 약육강식의 모습, 그리고 삶과 죽음에 대한 깊은 고민을 되새기게 됩니다.

마치 지금 우리가 살아가는 삶의 고민과 똑같습니다. 경제가 발전하고 물질이 풍요로운 시대를 살고 있지만 힘겹고 헐벗은 이들이 너무나 많습니다. 짐승이 짐승을 잡아먹듯이 자신의 목적을 위해 타인을 짓밟는 일들이 너무나 많습니다. 그리고 생명이 태어나 죽음에 이르는 삶과 죽음의 문제는 인간의 근원적인 숙제입니다.

어린 시절부터 나무 밑에 앉아 홀로 깊은 명상에 잠기던 싯다르타는 종교적 감수성이 매우 섬세한 성향의 소유자였습니다. 일찍 어머니를 여의고 어린 나이에 조용히 명상에 잠기는 싯다르타를 보며 아버지 정반왕은 걱정과 우려 속에서 고민에 빠집니다. 그리고 빨리 결혼을 시켜 가정을 갖도록 해야겠다고 생각합니다. 정반왕의 적극적인 노력으로 싯다르타는 10대 후반에 결혼합니다. 아내는 이웃 나라의 공주인 야쇼다라였습니다. 결혼하고 난 뒤 싯다르타는 더욱 풍요롭고 즐거우며 화려한 삶을 살아갑니다.

싯다르타, 출가를 결심하다

몇 년이 지난 어느 날이었습니다. 아름다운 궁전 안에서만 생활하던 싯다르타는 마차를 모는 마부를 데리고 궁전 밖 교외에 나가 보기로 합니다. 첫 번째로 성의 동문을 향합니다. 동문 밖에서 사람을 마주칩니다. 머리는 하얗고 허리는 굽고 지팡이를 짚은 채 온몸에 가죽만 남은 노인을 만나게 됩니다. 싯다르타는 마부에게 묻습니다.

"이것은 무엇인가? 사람인데 어째서 이런 모습을 하고 있는가?"

"왕자시여, 노인입니다."

"노인이라고! 그럼 나도 언젠가 이렇게 되는가?"

"왕자시여, 궁전에는 젊거나 나이가 들어도 건강한 사람들만 살고 있기에, 지금에서야 완전히 늙어서 힘이 다 떨어진 노인을 보게 되신 겁니다. 늙어서 노인이 되는 것은 아무도 피할 수가 없습니다. 왕자님과 왕자님이 사랑하는 모든 사람도 결국은 이렇게 늙는 겁니다."

이 말을 들은 싯다르타는 충격을 받았습니다. 그리고 성의 남문으로 향했습니다. 남문 밖에서 길에 누워 토하고 오물 속에서 몸을 뒹구는 병자들을 목격하게 됩니다. 마부는 말했습니다.

"왕자시여, 궁전에는 건강하고 병이 없는 사람들만 살고 있습니다. 지금 여기 있는 사람들은 병이 든 사람입니다. 사람이 나이가 들거나 기력이 떨어지면 누구라도 이렇게 병에 걸립니다. 피할 수가 없는 일입니다."

싯다르타는 다시 충격을 받았습니다. 그리고 성의 서문으로 향했습니다. 서문 밖에는 시체들과 시체를 태우는 화장터가 있었습니다. 싯다르타는 놀라서 물었습니다.

"이것은 도대체 무엇인가?"

"왕자시여, 이것은 죽은 사람입니다. 궁전에서는 시체를 보지 못했을 겁니다. 사람이 태어나면 늙고 병들고 결국에는 죽게 됩니다. 이것은 모든 생명이 결코 피할 수 없는 숙명입니다."

싯다르타는 외쳤습니다.

"오, 이 모든 괴로움에서 벗어날 길은 없단 말인가!"

마지막으로 성의 북문으로 향했습니다. 그곳에는 머리와 수염을 깨끗이 깎고 누더기를 입은 채 지팡이를 짚고 걸어가는 출가수행자가 있었습니다. 싯다르타는 그 수행자의 그 맑고 고요한 모습에 잔잔한 감동을 느꼈습니다. 곧 마차에서 내려 수행자에게 다가가

예를 올리고 질문을 했습니다.

"그대는 누구십니까? 무엇을 하는 분이십니까?"

"저는 출가수행자입니다."

"출가수행이란 무엇입니까?"

"세상의 욕심에 물들지 않고 참다운 진리를 추구하며, 생명을 가진 어떤 것도 해치지 않고 늘 자비로운 마음으로 그들을 안심시킵니다. 고통을 만나도 근심하지 않고, 기쁜 일을 만나도 들뜨지 않습니다. 재갈을 물린 말처럼 자신을 엄히 다스리고, 태산처럼 무거운 걸음으로 해탈의 길을 따라 한 걸음 한 걸음 옮길 뿐입니다."

싯다르타는 외쳤습니다.

"훌륭합니다. 정말 훌륭하십니다."

싯다르타는 출가수행자의 발아래 예배를 올렸습니다. 싯다르타의 얼굴은 희망과 미소로 가득히 빛났습니다. 궁전으로 돌아온 싯다르타는 아버지 정반왕을 찾아갔습니다. 그리고 아버지에게 소원을 말했습니다.

"부왕이시여, 저에게 소원이 있습니다. 저는 머리를 깎고 모든 것을 버리고 오직 깨달음을 구하는 출가수행자가 되고자 합니다."

깜짝 놀란 정반왕은 말했습니다.

"절대 안 된다. 네가 원하는 모든 소원은 다 들어주겠다. 하지만 출가만큼은 허락할 수가 없다."

"왕이시여, 아버지시여. 저는 늙고 병들고 죽음에서 벗어나는 길을 찾고자 합니다. 저는 출가하여 위없는 깨달음을 얻고자 합니다."

그때 멀리서 황급히 시종이 달려왔습니다. 그리고 기쁜 표정으로 말했습니다.

"왕이시여, 그리고 왕자님. 축하드립니다. 야쇼다라 공주님이 아드님을 낳았습니다. 축하드립니다."

순간 싯다르타는 외쳤습니다.

"라훌라!"

라훌라는 '장애, 속박'이라는 뜻입니다. 출가를 하고자 했지만 아버지의 반대, 아내인 야쇼다라 공주를 향한 미안함, 그리고 새롭게 태어난 아들에 대한 감정까지, 이 모든 심정이 뒤섞이며 자신의 출가가 어려워지는 것에 대한 탄식이 밑바닥에서 터져 나오면서 '라훌라'라고 외친 것입니다. 그래서 싯다르타의 아들 이름이 라훌라가 되었다고 합니다.

며칠의 시간이 지났습니다. 라훌라의 탄생을 모두가 기뻐하며 성안에서는 며칠 동안 축제가 벌어졌습니다. 늦은 밤 모두가 잠들었을 때 싯다르타는 홀로 깨어 있었습니다. 침대에 누워 깊은 잠에 빠진 아내 야쇼다라와 어린 아들 라훌라를 바라보며 싯다르타는 결심합니다. 그리고 조용히 마부를 깨웁니다.

"말을 꺼내 나를 데리고 성 밖으로 나가 숲까지 안내해다오. 나는 이제 집을 떠나 수행자의 길을 걷겠노라."

마부는 감히 왕자의 명을 거역할 수가 없었습니다. 마차에 싯다르타를 태우고 모두가 잠든 성을 몰래 벗어나 멀리 깊은 숲속을 향해 달립니다. 싯다르타는 점점 멀어져 가는 자신의 고향 카필라성을 바라보며 이렇게 다짐합니다.

'나는 위없는 완전한 깨달음을 얻을 때까지 집으로 돌아가지 않으리라.'

새벽 숲에 도착한 싯다르타는 마부를 돌려보냅니다. 그리고 숲에서 만난 사냥꾼과 옷을 바꿔 입고 스스로 머리카락을 잘라 냅니다. 보장된 부귀와 영화를 모두 버리고 누더기를 입은 무소유의 출가수행자가 되어 위없는 진리를 찾아 깨달음이란 길을 향해 걸어 나갑니다. 이때 싯다르타의 나이 스물아홉 살이었습니다.

수행자 싯다르타는 당시 가장 유명한 종교지도자와 수행의 스승들을 만나, 그들의 가르침을 모두 통달합니다. 타고난 천재였던 싯다르타는 모든 가르침을 순식간에 이해하고 체득합니다. 하지만 어떤 가르침도 마음을 채울 수는 없었습니다. 싯다르타가 바라는 깨달음은 지식과 이론을 깨닫는 것이 아닌 위없이 완전한 최상의 깨달음이었기 때문입니다.

싯다르타는 숲속에 들어가 몸을 괴롭히고 마음을 억누르는 고행 수행에 집중하였습니다. 지독하고 치열하게 고행을 했지만 원하는 최상의 깨달음을 얻을 수가 없었습니다. 몸과 마음을 괴롭히고 억누르는 고행으로는 완전한 깨달음을 얻을 수 없다는 결론을 내렸습니다. 싯다르타는 강으로 가서 깨끗이 몸을 닦았습니다. 때마침 지나가는 여인이 정성껏 만들어 공양 올린 우유죽을 마시고 기력을 되찾았습니다. 그리고 보리수나무 아래 고요히 앉아 이렇게 맹세했습니다.

"여기 이 자리에서 내 몸은 말라 버려도 좋다. 가죽과 뼈와 살이 없어져도 좋다. 어느 세상에서도 얻기 어려운 저 깨달음에 이르기까지 이 자리에서 죽어도 결코 일어서지 않으리라."

싯다르타는 목숨을 걸고 보리수 아래에 앉았습니다. 몸은 고요하며 마음은 맑고 깨끗했습니다. 아주 깊고 훌륭하고 뛰어난 상태에 들어갔습니다. 그리고 결국 중생의 뿌리 깊은 번뇌와 망상을 항복 받았습니다. 내면 깊숙이 박혀 있던 탐욕과 성냄과 어리석음이 사라져 갔습니다. 모든 존재의 일어남과 사라짐을 관찰하였고, 삶과 죽음의 근원적인 이치와 원리를 이해하였습니다. 모든 존재의 진실한 모습을 있는 그대로 완벽하게 꿰뚫어 보고, 홀연히 샛별을 보면서 그토록 원하고 바라던 '위없이 완전한 최상의 깨달음'을 얻게 됩니다. 싯다르타는 비로소 '눈을 뜬 자, 깨달음을 얻은 자' 부처님이 되신 겁니다.

싯다르타, 깨달음을 얻다

싯다르타는 스물아홉 살에 집을 떠나 출가하여 6년의 수행을 거쳐 서른다섯 살에 깨달음을 얻습니다. 그리고 45년 동안 당신이 얻은 깨달음의 광명을 세상에 널리 빛내고, 수많은 사람에게 진리의 고귀한 가르침을 전파합니다. 그토록 바라던 '영원한 행복'과 '완전한 자유'를 얻었고, 또한 수많은 사람이 부처님의 가르침을 따라 마음의 행복과 자유를 체득했습니다.

부처님이 말씀하셨습니다.

"나는 오직 괴로움과 괴로움의 소멸에 대해서 가르친다."

이 세상은 괴로움이 가득합니다. 괴로움에 빠진 사람들이 수없이 많습니다. 부처님은 괴로움에 빠진 중생들을 바라보며 안타까워합니다. 이것이 연민이고, 불교에서 말하는 자비심입니다. 고통의 가시가 박힌 중생의 괴로움을 소멸하는 진리, 그것이 바로 부처님의 가르침입니다. 부처님의 가르침은 영원한 행복과 완전한 자유의 길입니다.

우리는 행복을 위해서 살아갑니다. 우리가 살아가는 목적은 행복입니다. 무엇이 진짜 행복일까요? 돈이 많으면 행복합니다. 명예가 높으면 행복합니다. 권력이 강하면 행복합니다. 쾌락과 즐거움, 부귀영화를 누리면 너무나도 행복합니다. 그런데 이러한 욕망의 행복에 대한 우리의 만족은 채워지지 않습니다. 끊임없는 갈증에 목말라 합니다.

돈이 많은데도 더 많은 돈을 원합니다. 명예와 권력이 있는데도 더 높은 명예와 권력을 원합니다. 쾌락은 더 자극적인 쾌락을 바라고 더 강한 즐거움과 더 많은 부귀영화를 누리고 싶어합니다. 욕망의 행복은 채워도 끝이 없습니다. 번뇌에 목마른 욕망의 행복은 진짜 행복이 아닙니다. 부처님은 진짜 행복을 말씀하십니다. 부처님의 가르침은 진정한 행복을 전하십니다. 부처님은 말씀하십니다.

"나에게 최고의 보물이 있다. 와서 보라. 직접 와서 보라."

부처님의 가르침을 닦으면 최고의 보물을 얻을 수 있습니다. 단, 직접 와서 보고 직접 얻어야 합니다. 바로 수행입니다. 직접 수행을 해야 합니다. 불교는 단순한 철학과 지식의 종교가 아닙니다. 내가 직접 수행하고 실천하고 체험해야 합니다. 불교는 몸으로 부딪치는 체험의 가르침입니다. 결국 자기 스스로 닦아야 합니다.

석가모니 부처님께서 깨달음을 얻으시고 숲속에서 고요히 앉아 계셨습니다. 마침 서른 명의 젊은이들이 여자를 데리고 소풍을 왔습니다. 술에 곯아떨어진 틈을 타서 여인이 값비싼 물건들을 챙겨 도망갔습니다. 젊은이들은 잠에서 깨어 귀중품이 없어진 것을 알고는 여인을 뒤쫓았습니다. 그때 젊은이들은 숲속 나무 아래 고요히 앉아 계시는 부처님과 마주쳤습니다. 젊은이들이 물었습니다.

"혹시 한 여인이 지나가는 것을 보셨습니까?"

"왜 여인을 찾습니까?"

“저희가 놀러와서 잠이 들었는데 여자가 물건을 훔쳐 달아났습니다. 그래서 지금 찾고 있습니다.”

부처님께서 젊은이들을 찬찬히 바라보며 말씀하셨습니다.

“그대들이여! 여자를 찾는 것이 더 중요한가, 자기 자신을 찾는 것이 더 중요한가?”

젊은이들이 깜짝 놀라며 대답했습니다.

“물론 자기 자신을 찾는 것이 더 중요합니다.”

부처님이 말씀하셨습니다.

“그대들이여, 그렇다면 지금 자리에 앉으시오. 그리고 귀를 기울이시오.”

자리에 앉은 서른 명의 젊은이들에게 부처님은 진리의 가르침을 전하셨습니다. 젊은이들은 모두 마음에 큰 깨달음을 얻고 그 자리에서 다 함께 머리를 깎고 출가하여 부처님의 제자가 되었습니다. 부처님 제자가 되어 수행하면서 서른 명의 젊은 스님들은 영원한 행복과 완전한 자유를 얻은 거룩한 수행자가 되었습니다.

괴로움 가득한 이 세상 속에서 욕망을 구하는 것과 자기 자신을 구하는 것 중에 무엇이 더 중요합니까? 부처님 가르침에는 완전한 자유와 영원한 행복을 얻는 길이 있습니다. 직접 와서 보고 듣고 체험하고 최고의 보물을 듬뿍 얻어 가시기 바랍니다.

인생 전환기의 가장 값진 선택

[은퇴자를 위한 법문]

경허 스님의 「참선곡」은 "홀연히 생각하니 만사(萬事) 도시몽중(都是夢中)"이라는 구절로 시작합니다. 눈 앞에 펼쳐진 세계가 유일한 실제라고 믿고 치열하게 경쟁하며 살아왔지만 그 모든 것이 꿈과 같이 부질없는 일이라는 것입니다. 이런 사실을 깨닫는 순간 우리는 실존적 위기에 빠져들고 삶의 공허를 느끼게 됩니다. 모두가 한바탕 꿈인 것을 무엇을 위해 그렇게 야박하게, 그렇게 모질게 나와 남을 괴롭히며 살아왔던가 하는 회한에 빠져들기 때문입니다.

눈앞에 보이는 현실이 전부라고 생각하며 살다 보면 이런 문제가 생기기 마련입니다. 그래서 고대 인도에서는 삶을 크게 네 단계로 구분하여 살았습니다. 범행기(梵行期), 가주기(家住期), 임서기(林棲期), 유행기(遊行期)가 그것입니다. 범행기는 태어나서 25세까지로 인생 전반에 대한 지식과 의무 등을 배우는 시기로 달리 학습기라고 불립니다. 가주기는 25세에서 50세까지로 결혼하여 가정을 꾸리고 가족을 건사하며 사회적 책무를 다하는 시기입니다. 임서기는 50세에서 70대 초반까지로 온갖 사회적 의무를 내려놓고 숲으로 들어가 진리를 추구하는 시기입니다. 모든 의무를 내려놓고 숲에서 사색하며 자신의 삶을 성찰하며 사는 기간입니다. 유행기는 세속과 단절하고 수행에 몰두하며 이생에서의 여행을 마무리하는 시기를 말합니다.

인생을 네 시기로 나누어 살면 전 생애를 돈이나 명예만을 위해 쏟아붓지 않고 인간으로서 해야 할 것들에 골고루 시간을 할애할 수 있습니다. 사회와 가족에 대한 의무도 포기하지 않고, 자신을 위한 투자와 노력도 포기하지 않을 수 있어 삶의 균형을 이룰 수 있습니다. 사람들은 은퇴하는 그 순간까지 가족과 사회를 위해 평생 소처럼 일하며 살아갑니다. 그것이 옳은 것인지 그른 것인지도 물어본 적이 없습니다. 남들이 그렇게 살아가니 나도 그렇게 살아왔을 뿐입니다.

은퇴출가, 나를 돌아보는 인생 2막

생사대사(生死大事)라는 말이 있습니다. 사람으로서 나고 죽는 것이 큰 일이라는 것입니다. 문제는 나고 죽음이 큰 일인데 우리는 왜 이곳에 왔는지도 모르고, 어디로 가는지도 모른다는 것입니다. 일평생 소처럼 일만 하다가 요양원에 누워 생을 마감한다면 불행한 삶이 아닐 수 없습니다. 나를 위한 삶은 바로 이와 같은 삶의 덧없음에 대한 성찰, "나는 누구이며, 어디서 와서 어디로 가는가?"라는 존재론적 물음으로부터 시작합니다. 그런 물음이 없다면 백 년을 살아도 그저 노예같이 주어진 일을 했을 뿐이지 자신의 삶을 살았다고 볼 수 없습니다.

인생의 황금기를 사회와 가족을 위해 헌신했다면, 은퇴 이후의 삶은 인생 4주기 중 임서기처럼 그런 의무를 내려놓고 자기 자신을 위해 투자하고 공부해야 할 때입니다. 그래야 인생 여정에 균형이 잡히고, 이 땅에 인간으로 왔다가 가는 의미를 알 수 있기 때문입니다. 다행히 대한불교조계종에서는 인생의 균형을 맞추고 싶은 욕구를 해소해 줄 수 있는 제도를 운영하고 있습니다. 은퇴출가 제도가 바로 그것입니다.

은퇴출가 제도는 직장에서 은퇴한 50~60대들에게 자신의 삶을 돌아보고 삶의 의미를 성찰할 기회를 제공해 줍니다. 사회와 가족을 위해 헌신해 왔던 온갖 의무를 내려놓고 자신의 삶을 돌아보고, 삶의 의미와 정신적 가치를 추구할 기회를 얻을 수 있습니다. 은퇴출가 제도는 사회 각 분야에서 15년 이상 활동한 경력이 있는 51세 이상 65세 이하인 사람들을 대상으로 하는 출가제도입니다. 인생 4주기 중에 딱 임서기에 해당하는 나이입니다. 치열하게 인생의 전반기를 살아온 사람들에게 은퇴출가는 인생의 제2막을 새롭게 여는 것을 의미합니다. 졸업을 통해 한 단계 높은 곳으로 진출하는 것처럼, 은퇴출가는 사회적 의무에 결박된 상황에서 벗어나 나 자신의 삶을 찾는 구도의 길로 들어서는 것입니다.

조석예불 때 올리는 「이산혜연 선사 발원문」에는 "바른 신심 굳게 세워 아이로서 출가하여 귀와 눈이 총명하고 말과 뜻이 진실하며 세상일에 물 안 들고…."라는 구절이 있습니다. 바른 신심으로 어린 나이에 출가하여 세상의 온갖 일에 물들지 않고 총명한 귀와 눈으로 수행하겠다는 발원입니다. 누구나 이렇게 할 수만 있다면 더없이 좋은 일일 것입니다. 하지만 은퇴하고 돌아보니 벌써 그런 인생은 흘러가고 없습니다. 그렇다고 다음 생을 기약하며 이번 생은 이렇게 살다 가자고 할 수도 없습니다. 삶은 단 한 번뿐인 일기일회(一期一會)의 과정이기 때문입니다.

무엇을 위해, 왜 사는지도 모르고 아등바등 살다가 죽기에는 한 번뿐인 인생이 너무도 소중합니다. 은퇴출가 제도가 인생의 전환을 꿈꾸는 사람들에게 좋은 기회가 될 수 있습니다. 비록 늦은 나이지만 백세 시대를 사는 우리가 새로운 도전을 하기에 결코 늦지 않은 나이입니다. 부처님 제자 중에 늦은 나이에 출가한 제자들도 많습니다. 중국의 유명한 거사들 중에도 세상에서 할 일을 마치고 늦은 나이에 절에 들어가 여생을 수행하며 살다 간 멋진 분들이 많습니다.

유한한 육신에서 영원한 지혜로

은퇴 후에 출가하여 절에 들어가는 것은 단지 노년을 보내기 위한 과정이 아닙니다. 인도의 종교사상에는 일생족(一生族)과 재생족(再生族)이라는 개념이 있습니다. 일생족이란 부모로부터 육신을 받고 태어나는 것을 말합니다. 한 번 태어난 삶이라고 해서 일생족이라고 합니다. 반면 육신의 탄생에 그치지 않고 종교를 통해 진리를 만나는 것을 재생족이라고 합니다. 육신의 탄생을 넘어 정신적으로 '한 번 더 태어난 사람'이라는 뜻을 담고 있습니다.

범부(凡夫)로서 우리들의 삶은 대개 다 일생족과 다름없습니다. 부모로부터 육신을 받고 사회화를 위한 교육을 받고 평생 그런 가치를 위해 머슴처럼 살아왔습니다. 이렇게 일생족에 안주하며 살다가 죽는다면 삶의 의미를 어디서 찾을 수 있을까요? 출가는 바로 일생족과 같은 삶을 넘어 거룩한 성자들의 삶으로 들어가는 것입니다. 그런 의미에서 출가는 삶의 흐름을 바꾸는 것입니다. 은퇴출가는 육신의 탄생에 머물러 있던 우리들이 부처님의 진리를 만남으로써 새롭게 태어나는 것입니다. 진리의 세계에 들어가서 '지혜의 생명'이라는 제2의 생명을 얻는 것입니다. 『금강경』에서는 그런 생명을 '혜명(慧命)'이라고 했습니다.

은퇴할 시점이 되면 육신은 쇠락해지고 그 속에 깃든 생명도 오래가지 못합니다. 육신의 생명은 유한하며 하늘에 떠가는 뜬구름처럼 허망합니다. 하지만 출가를 통해 혜명, 즉 '지혜의 생명'을 얻게 되면 상황은 달라집니다. 『유마경』에서는 "이 몸은 헛것이라서 비록 목욕하고 옷을 입히고 음식을 먹으나 반드시 마멸되어 없어지는 데로 돌아간다."라고 했습니다. 하지만 출가를 통해 얻게 되는 지혜의 생명은 유한한 육신의 한계를 넘어서는 영원한 생명이 됩니다.

그래서 『유마경』에서는 유한한 육신의 생명에 기대지 말고 영원한 진리의 생명에 의탁하라고 했습니다. "이 몸은 걱정하고 좋아해야 할 대상이 못 되므로, 마땅히 부처님의 몸[佛身]을 좋아해야 합니다. 왜냐하면 불신(佛身)이란 곧 법신(法身)이며 법신이란 한량없는 공덕(功德)과 지혜(智慧)로부터 생긴 것입니다."라고 했습니다. 우리들의 육신은 아무리 걱정하고 가꾸어도 그 본질이 허망하기에 은퇴 이후 나의 삶은 나날이 쇠약해지고 결국 육신은 나를 배반하고 맙니다. 따라서 그런 육신에 목매

달 것이 아니라 불신, 즉 부처님의 몸을 추구해야 한다는 것입니다. 부처님의 몸은 곧 진리의 몸인 법신입니다. 법신은 지혜의 목숨이며 영원한 생명입니다. 육신의 목숨이 시들어 가는 은퇴 이후, 우리가 추구할 생명은 바로 이런 법신의 생명입니다. 출가는 유한한 육신의 속박에서 벗어나 영원한 생명, 진리의 목숨을 얻는 길로 들어가는 것입니다.

은퇴하고 돌아보면 가족과 사회를 위한 의무는 어느 정도 완수한 나이입니다. 하지만 은퇴 이후 육신은 이런저런 병고에 시달리며 쇠락하고 마침내 소멸하고 맙니다. 출가를 통해 법신의 생명, 지혜의 생명, 불신의 생명을 얻는다면 우리는 다시 영원한 생명을 얻을 수 있습니다. 그런 점에서 은퇴출가는 육신의 생명을 영원한 지혜의 생명으로 전환하는 길입니다. 인생을 이보다 가치 있게 전환하는 길은 없습니다. 은퇴출가는 삶의 끝을 준비하는 것이 아니라 새로운 삶의 시작이며, 영원한 생명을 얻는 삶의 길로 들어가는 것입니다.

은퇴출가로 누리는 열 가지 특전

은퇴출가는 은퇴 이후의 여생 동안 다음과 같은 열 가지의 특전을 누릴 수 있는 길입니다.

첫째, 스스로 삶을 결정하는 선택을 누리는 삶입니다. 우리는 어디서 왜 왔는지 모른 채 이 땅에 태어나 살고 있습니다. 어느 날 정신 차리고 보니 사바세계에 와서 아등바등 살아가는 자신을 발견하게 됩니다. 어떤 종교에서는 '신의 소명'이라 하고, 실존철학자들은 '던져진 삶'이라 하고, 불교에서는 '업보의 힘[業力]'이라고 합니다. 출가는 내 의지와 무관하게 던져진 삶, 나도 모르게 선택된 삶을 거부하고 내가 주체적으로 나의 삶을 결정하는 선택입니다. 『중아함경』에 따르면 출가는 "왕에게 강요당해서도 아니고, 도적들에게 쫓겨서도 아니고, 빚을 졌기 때문도 아니며, 두렵고 무서워서도 아니며, 살기가 어려워서도 아니다."라고 했습니다. 출가는 어디까지나 자신이 삶의 주인이 되어 스스로 자신의 삶을 선택하는 자발적인 선택입니다.

둘째, 자신을 위한 삶을 살 기회를 얻는 것입니다. 은퇴한다는 것은 그동안 국가와 사회를 위해 헌신하고 나아가 가족을 건사하고 가정을 돌보기 위해 노력했던 모든 것에서 벗어나는 것입니다. 물론 그런 삶이 의미 없는 것은 아니지만 그동안 사회와 가족을 위해 헌신하느라 자신을 돌아보지 못했습니다. 은퇴출가는 비록 늦었지만 타인을 위한 삶에서 나를 찾고, 나를 위한 삶으로 전환하는 것입니다. 내가 누구인지 성찰하고, 여생을 어떻게 살아갈 것인지를 사색하고 결정하는 시간입니다. 부처님의 가르침 속에서 삶에 대한 지혜를 얻고, 자신을 위해 수행하는 기회를 누리는 시간입니다.

셋째, 유한한 육신의 목숨에서 영원한 지혜의 생명으로 전환하는 것입니다. 제행무상(諸行無常)이라 모든 존재는 늙고 병들고 노쇠해 가는 것이 정한 이치입니다. 그래서 생자필멸(生者必滅)이라고 했습니다. 살아 있는 것은 반드시 죽기 마련입니다. 냉정히 말해 은퇴란 그런 길의 초입에 들어선 것을 의미합니다. 육신의 몸은 유한하지만, 법신은 영원합니다. 여생을 출가에 바침으로써 우리는 영원한 생명, 지혜의 생명을 누릴 수 있는 특전을 누리게 됩니다. 그 어떤 권력자나 부자도 누리지 못하는 것이 지혜의 생명이고, 영원한 생명입니다.

넷째, 무한한 보배 창고를 얻는 삶입니다. 중생의 삶은 끝없이 욕망의 대상을 좇으며 사는 삶입니다. 하지만 그 모든 것은 늙고 병들고 죽음 앞에서는 아무짝에도 쓸모없는 것들입니다. 그래서 보조스님은 "백 년 동안 탐착하며 쌓은 재물도 하루아침의 먼지일 뿐[百年貪物一朝塵]"이라고 했습니다. 참다운 보배는 인연 따라 사라지는 유위법이 아니라 법장(法藏), 즉 진리의 보배 창고입니다. 출가란 진리의 보배 창고를 갖는 것과 같습니다. 지혜의 생명을 풍요롭게 해 줄 보배 창고의 문을 여는 것이고, 법장에 가득한 보배를 내 것으로 향유하는 삶입니다.

다섯째, 해탈과 자유를 누리는 삶입니다. 돌아보면 우리는 하루하루의 삶을 아등바등 살아가느라 참으로 고단하게 살았습니다. 목구멍이 포도청이라고 먹고사는 자질구레한 일에 속박당해 살아가는 것이 중생들의 삶입니다. 『숫타니파타』에서는 "출가는 드넓은 들판이며 번거로움이 없다."라고 했습니다. 속세의 삶은 속박의 연속이지만 출가의 삶은 드넓은 들판으로 나가는 자유의 삶이기 때문입니다.

여섯째, 출가는 역설적으로 가족을 위한 삶이기도 합니다. 출가는 비록 세속을 떠나는 것이지만 선어록에 보면 출가야말로 진정 가족을 위한 길이라고 했습니다. 즉 "한 사람이 출가하면 구족(九族)이 천상에 태어난다."라고 했습니다. 출가로 구족이 천상에 태어날 수 있다면 출가는 내가 가족에게 해 줄 수 있는 최고의 선물이 아닐 수 없습니다. 여산혜원 스님은 "한 사람이 덕(德)을 온전하게 하면 도(道)가 그의 육친들에게 흡족하게 감화를 주고, 은택이 온 세상에 미치게 된다."라고 했습니다. 출가한 사람의 덕은 육친들에게도 감화를 주고, 은택이 온 세상에 미치게 된다는 것입니다. 출가는 세상을 포기하는 것이 아닙니다. 사회와 국가에 공헌하는 길이고, 일체 모든 생명을 위한 거룩한 헌신입니다.

일곱째, 내가 가진 재능과 능력을 다시 활용할 수 있는 기회를 얻는 것입니다. 은퇴한다는 것은 그동안 내가 갈고닦은 재능과 지식의 효용이 사라지는 것을 뜻합니다. 내가 가진 재능과 지식을 활용할 수 있는 공간이 없어지기 때문입니다. 하지만 은퇴출가는 그와 같은 지식과 재능을 다시 활용할 수 있는 기회를 줍니다. 유식학에는 '전식득지(轉識得智)'라는 말이 있습니다. 번뇌로 물든 인식을 전환하여 지혜를 얻는다는 뜻입니다. 은퇴출가를 통해 세속에서 쌓아 왔던 경험과 노하우를 거룩한 전법의 역량으로 다시 활용할 수 있습니다.

여덟째, 수려한 자연유산을 누리는 웰빙의 삶입니다. 우리는 직장생활을 위해서 또 가족을 건사하기 위해 복잡한 도시에서 몸을 갉아먹는 삶을 살아왔습니다. 탁한 공기와 온갖 오염물질로 범벅이 된 삶에 찌들어 왔습니다. 출가의 길은 그런 삶을 청산하고 수려한 자연으로 돌아가는 삶입니다. 많은 사람이 도시에서 얻은 병을 치료하기 위해 자연인의 삶을 추구합니다. 하지만 그 길은 혼자의 길이고 힘든 길입니다. 그러나 출가의 길은 명산대찰에 준비된 거룩한 성소로 들어가는 길입니다. 신선한 공기와 맑은 물소리를 들으며 진정한 웰빙의 삶을 누릴 기회를 얻게 됩니다.

아홉째, 역사의 향기 속에 전통문화를 지키고 가꾸는 문화인의 삶입니다. 장구한 불교의 역사는 곧바로 민족의 역사와 궤를 같이하고 있습니다. 우리나라 어디를 가나 유서 깊은 사찰이 있고, 전통문화와 함께 숨 쉬는 곳이 사찰입니다. 출가는 우리가 그와 같은 전통과 문화재의 주인으로 살아가게 해 줍니다. 장구한 역사와 함께 호흡하며 조상의 지혜와 신심이 빚은 성보 문화재와 더불어 사는 삶은 풍요롭습니다.

열째, 승가공동체의 일원이 되어 더불어 살아가는 공동체의 삶을 살 수 있습니다. 인간의 삶은 공수래공수거(空手來空手去)라고 했습니다. 빈손으로 와서 빈손으로 가는 것은 물론이고 혼자 와서 혼자 가는 외로운 과정입니다. 그러나 출가의 삶은 진리를 함께 공부하는 거룩한 공동체의 일원이 되는 것입니다. 물과 우유처럼 화합하고 의지하는 도반을 얻는 것은 나이가 들수록 소중한 일입니다. 출가를 통해 승가공동체의 배려 속에 도반들과 함께 살아가는 삶은 축복입니다.

출가는 위대한 길이고, 공경받는 삶입니다. 출가는 인간이 갈 수 있는 가장 숭고한 길이고, 중생으로 태어나 선택할 수 있는 가장 가치 있는 선택입니다. 출가하여 부처님처럼 대장부의 삶을 사는 것만큼 멋진 인생은 없습니다. 출가는 가장 복되고, 가장 자유롭고, 가장 보람된 삶이기 때문입니다. 은퇴출가를 통해 열 가지 특전까지 누릴 수 있으니 인생의 전환기에 가장 값진 선택이 아닐 수 없습니다.

2부

불교는 좋지만 출가는 겁나는 너에게

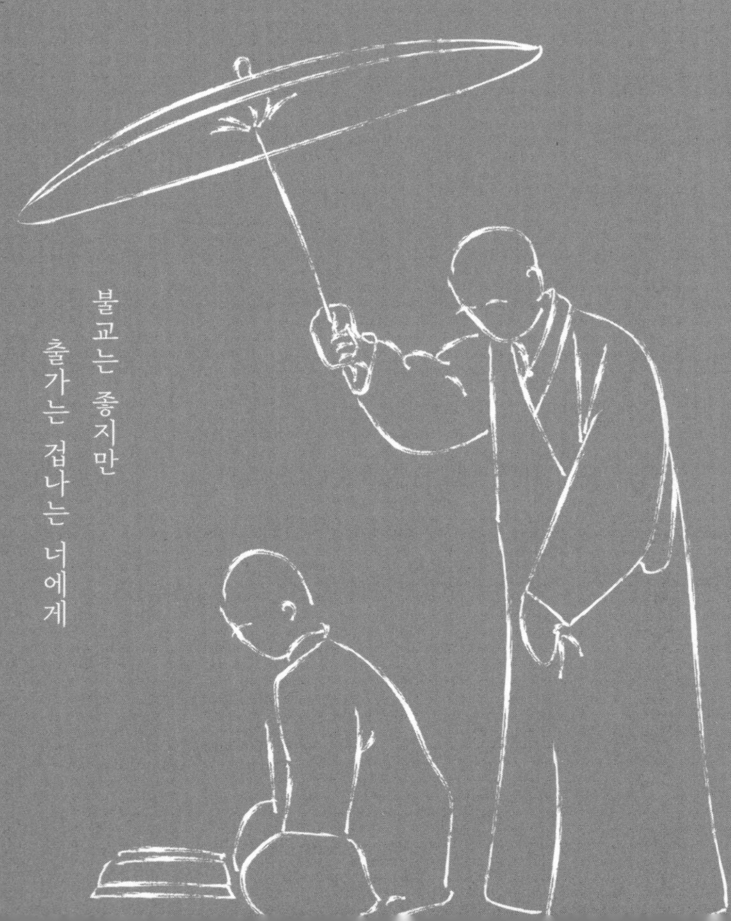

경전에서 말하는

출가 설법

싯다르타의 출가 이야기

농경제에서 현실의 아픔을 목격하다

싯다르타 태자는 왕가의 후예답게 영특하고 용맹하였다. 온갖 학문과 무예를 익히고 전술과 병법까지 두루 닦아서 스승의 찬탄을 받았고 석가족 다른 왕자들의 부러움을 샀다. 하지만 태자는 번잡하고 떠들썩한 생활을 좋아하지 않았고 고요한 곳을 찾아 깊은 사색과 명상에 잠기는 일이 잦았다.

농경제가 열린 어느 날, 태자는 신하들을 거느리고 마을로 내려갔다. 농부 한 사람이 땅을 갈아서 흙을 뒤집어엎는 모습을 지켜보다가 파헤친 흙에서 벌레가 꿈틀거리며 나왔는데 까마귀가 날아와 그 벌레를 쪼아 먹는 광경을 목격했다. 그런데 이어서 개구리가 까마귀를 노리며 달려드는데 그 순간 뱀이 나타나 개구리를 삼켰고, 하늘을 날던 매가 뱀을 채어 날아가 버렸다. 뜨거운 햇빛을 피하지 못하며 여윈 몸으로 밭갈이하는 농부와 꿈틀거리는 작은 생명들이 서로를 잡아먹는 모습을 지켜보다가 태자가 농부에게 물었다.

"쟁기질은 왜 하는 것입니까?"

"곡식을 심어서 수확해 나라에 세금을 바치기 위해서입니다."

태자는 그 말을 듣고 탄식했다.

'한 사람 때문에 백성이 근심하고 고생하는구나. 관리의 채찍질과 벌을 받게 될까 두려워 몹시 불안해하는구나. 목숨은 짧은데 근심은 길도다. 내뱉은 숨을 거두지 못하면 죽어서 이 세상을 떠나는데 다음에 어느 세상에 가게 될지 알지 못해 근심은 더욱 커져 간다. 다섯 갈래의 생사윤회는 영원히 벗어날 길이 없으니 그 두려움을 무엇에 비유하랴. 태어났다 죽는 일의 두려움과 우환을 없앨 길은 없을까.'

태자는 시중드는 사람 없이 홀로 천천히 거닐다가 잎이 무성해서 그늘이 좋은 잠부 나무를 보고 그 나무 그늘 아래에 가서 두 발을 맺고 앉았다. 조용히 한곳을 응시하며 숨을 고르니 마음에 탐욕이 떠나고 착하지 않은 일들이 모두 사라졌고 고요하고 깊은 사색으로 나아갔으며 탐욕과 악함에서 떠난 기쁨과 즐거움이 일어나

는 선정의 첫 번째 단계에 들었다.[1]

태자가 홀로 나무 그늘 아래에 있다는 소식을 전해 듣고 황급히 달려간 아버지 정반왕은 조용히 참선에 들어 있는 아들의 모습에 자신도 모르게 예를 올렸다. 하지만 현자들의 예언처럼 태자가 성을 나가 수행자가 되지는 않을까 염려하는 마음이 커져 갔다. 왕은 세상의 고통과 근심을 떠나 즐거움으로 가득 찬 환경을 태자에게 마련해 주었다. 훗날 석가모니 부처님은 어릴 적 왕궁에서 지내던 때를 회상하시며 제자들에게 말씀하셨다.

"비구들이여, 나는 참으로 행복하고 우아하고 정결하게 왕궁에서 지냈다. 내 아버지 집에는 연꽃이 피어난 연못들이 있었다. 나만을 위한 연못에는 희고 붉고 푸른 연꽃들이 활짝 피어 있었다. 언제나 최고급의 옷가지를 몸에 둘렀고 냉기와 열기, 먼지와 서리가 내 몸에 닿지 않도록 밤낮으로 새하얀 양산이 내 머리 위에 펼쳐졌다. 내게는 겨울용, 여름용, 우기용 궁전이 세 채 있었는데 우기 넉 달 동안 아름다운 악사들의 연주를 즐기면서 궁전을 내려오지 않았다."

---

1 『불설보요경』, 『중아함경』 「유연경」

사문유관 - 동문 밖에서 늙음을 마주치다

궁전에서 영화롭고 우아하게 지내던 어느 날 싯다르타 태자는 성문 밖으로 세상 유람을 나서기로 하였다. 아버지 정반왕은 태자의 나들잇길에 근심을 안겨 줄 것은 치워 버리고 깨끗하고 화려하게 거리를 치장하도록 명했다. 성의 동문 밖으로 나들이할 때 태자는 말끔하게 새로 닦은 길에 아름답게 치장한 사람들이 수레를 타고 오가는 모습을 보고 흡족했다. 사람들은 태자의 근엄한 자태와 아름다운 깃털로 장식한 행렬을 보고 환호했다.

그런데 천상의 신들은 태자가 어서 빨리 출가하여 부처님이 되시기를 바랐다. 욕심과 성냄과 어리석음의 불길에 휩싸여 괴롭고 슬퍼하는 세상에 진리의 빛줄기를 내려 근심과 고통에서 중생을 구제해 주시기를 간절히 원했기 때문이다. 그리하여 천상의 신이 늙고 쇠약한 노인의 모습으로 변해서 환호하는 군중 앞에 홀연히 나타났다. 태자는 그 노인을 보고 놀랍고 괴이하게 여겨 마부에게 물었다.

"저 자는 누구기에 머리카락은 희고 등은 굽었으며, 눈은 어둡고 온몸을 지팡이에 의지한 채 비틀거리면서 걷는가? 젊은 몸이 갑자기 변해서 저런가, 아니면 태어날 때부터 저런 모습이었는가?"

마부가 망설이다 태자에게 답했다.

"육신이 변하고 기운마저 허약해져 근심은 가득하고 기쁨은 줄어들며, 모든 감각기관이 약해져서 즐거움이 없으니 이것이 늙은 모습입니다. 저 사람도 처음에는 어머니의 젖을 먹던 어린아이였고, 소년 시절에는 장난기가 가득하고 모습도 단정했으며 온갖 욕망을 누렸습니다. 그런데 세월이 흘러 지금은 몸이 쪼그라들고 늙어서 쇠약해진 것입니다."

태자는 탄식하면서 다시 물었다.

"저 사람만 늙고 쇠약해지는가, 아니면 누구나 저렇게 되는 것인가?"

"태자님도 그리될 것입니다. 세월이 흐르면 몸도 따라서 변하기 마련입니다. 젊은 사람도 늙어 가는데 세상 사람들은 그 사실을 알면서도 자신만은 그렇게 되지 않기를 바랍니다."

태자는 늙고 쇠약해지는 괴로움에 대해 듣고 온몸의 털이 곤두섰으니, 마치 벼락에 놀란 동물들이 이리저리 치달리는 것 같았다. 태자는 늙음이라는 괴로움에 마음이 얽매여 머리를 떨군 채 시름에 잠겼다.

'늙고 쇠약해지는 괴로움을 생각한다면 세상 사람들이 어찌 저렇게 행복하고 즐거울 수 있는가. 모든 것은 늙음 앞에 허물어져서 거기에 부딪히면 선택의 여지가 없다. 사람들은 자기 스스로 늙어 가는 존재이고 똑같이 늙음을 극복하지 못했지만 다른 사람이 늙은 것을 보고서 고통스러워하고 피하면서 자신도 그리되리라는 사실을 지나친다. 나 또한 실로 늙어 가는 존재이고 늙음을 극복하지 못했으면서 다른 사람이 늙은 것을 보고서 고통스러워하고 피할 것이다. 이것이 과연 마땅한 일일

까. 눈앞에서 그것을 뻔히 보면서도 자신에게 이런 일이 일어나리라는 것을 어째서 생각하지 않는가.'

이렇게 깊이 생각하자 태자에게는 젊음에 대한 도취가 완전히 사라졌다. 한 생각 할 때마다 늙고 쇠약함이 닥쳐오는 이 현실에서 무엇을 즐기며 웃고 떠들 것인가. 태자는 마부에게 명하여 궁전으로 수레를 돌리도록 하였다. 황혼 속에서 빈 묘지 사이를 돌아다니는 것처럼 무엇을 하거나 어디에 머물러도 태자의 마음은 불안하기만 하였다.

사문유관 - 남문 밖에서 병듦을 마주치다

왕궁으로 돌아온 태자가 전혀 즐거워하지 않는다는 보고를 받은 정반왕은 태자에게 다시 나가 놀기를 권했다. 신하들에게는 태자의 나들잇길을 전보다 더 훌륭하게 꾸미도록 명했지만, 이번에도 천상의 신이 목숨만 간신히 부지한 병든 사람으로 변해서 길가에 나타났다. 팔다리는 뒤틀려 바싹 마르고 배는 부풀어 올랐으며, 구슬피 울면서 숨을 헐떡이며 신음하고 있는 그를 보고 태자가 마부에게 물었다.

"이 자는 어떤 사람인가?"

"이 자는 병에 걸린 사람인데, 팔다리가 모두 뒤틀리고 여위어 기운이 빠져서 견딜 수가 없어 이리저리 뒤척이며 남의 신세를 집니다."

태자는 불쌍하고 가여운 마음에서 물었다.

"이 사람만 병에 걸렸는가, 아니면 저런 사람이 또 있는가?"

"이 세상 사람이면 누구나 다 저리됩니다. 몸이 있으면 병이 생기기 마련인데, 사람들이 어리석어 깨닫지 못하고 잠깐의 환락에 빠지는 것입니다."

마부의 대답을 듣자 태자의 몸과 마음은 두려움에 휩싸여 일렁이는 물결 속의 달처럼 요동쳤다.

'이 크나큰 고통의 세계에 살면서 내가 어떻게 편안할 수 있겠는가. 아! 슬프다. 세상 사람들이 어리석어 병이라는 도둑이 소식도 없이 찾아오건만 그런데도 기쁨을 느끼고 즐거워하는구나. 사람은 자기 스스로 병드는 존재이고 누구나 한결같이 병을 극복하지 못했지만 다른 사람이 병든 것을 보고서 고통스러워하고 피하면서 자신도 그리되리라는 사실을 지나친다. 나 또한 실로 병드는 존재이고 병을 극복하지 못했으면서 다른 사람이 병든 것을 보고서 고통스러워할 것이며 피할 것이다. 이것이 과연 마땅한 일일까.'

이렇게 생각하자 태자에게 건강에 대한 도취가 완전히 사라졌다. 수레를 돌려 궁으로 돌아온 뒤 병의 고통을 생각했는데, 시름에 잠긴 태자의 모습은 마치 몸을 움츠리고 매를 기다리는 사람과 같았다. 태자는 한적한 궁전에 조용히 틀어박혀 세간의 즐거움을 멀리할 궁리만 했다.

사문유관 - 서문 밖에서 죽음을 마주치다

또 다른 어느 날 태자는 다시 서쪽 성문 밖으로 유람을 떠났다. 정반왕은 태자가 행차하는 길을 더 잘 손보고 더러운 것을 치우게 한 뒤, 마부에게 주위를 살피며 길을 가라고 명령했다. 이번에는 천상의 신이 죽은 사람으로 변했는데, 그 죽은 사람의 상여를 네 사람이 메고 구슬피 울면서 태자 앞에 나타났다.

"이것은 어떤 행렬이기에 뒤따르는 사람들이 슬퍼하며 울부짖는가?"

"사람이 죽어서 장례를 지내는 행렬입니다. 사람의 목숨이 끊어지면 정신은 가고 몸뚱이는 마른나무처럼 뻣뻣하게 굳습니다. 그를 사랑한 가족과 친지와 친구들이 그의 죽음을 슬퍼하지만, 어느 결엔가 다 보기 싫어해 무덤들 사이에 내다 버립니다."

태자는 죽음이란 말을 듣자 마음이 아프고 슬픔이 몰려들어 마부에게 물었다.

"이 사람만 죽는 것인가, 세상 사람이 다 그런 것인가?"

"온 세상 사람이 다 죽습니다. 시작이 있으면 끝이 있는 법이니, 어른이나 젊은이나 어린이나 몸이 있으면 무너지기 마련입니다."

태자는 놀라고 슬퍼하며 수레 끝에 몸을 기댄 채 숨이 끊어질 듯이 탄식했다.

'세상 사람은 어찌 이리 하나같이 잘못하는가. 이 몸이 없어질 줄 뻔히 알면서도 오히려 생각 없이 방탕하게 살아가는구나. 마음은 말라빠진 나무나 돌이 아닌데 어째서 모두가 덧없음을 걱정하지 않는가. 사람은 자기 스스로 죽어 가는 존재이고 누구나 한결같이 죽음을 극복하지 못했지만 다른 사람이 죽은 것을 보고서 고통스러워하고 피하면서 자신도 그리되리라는 사실을 지나친다. 나 또한 죽어 가는 존재이고 죽음을 극복하지 못했으면서 다른 사람이 죽은 것을 보고서 고통스러워하고 피할 것이다. 이것이 과연 마땅한 일일까.'[2]

이렇게 깊이 생각하자 태자에게는 삶에 대한 도취가 완전히 사라졌다. 태자는 바로 수레를 돌려 돌아가자고 명령했다.

"지금 이렇게 놀 때가 아니다. 목숨이 끊어져 죽는 것이 기약이 없는데, 어떻게 함부로 놀 수 있겠는가!"[3]

---

2 『앙굿따라 니까야』

3 『불소행찬』

사문유관 - 북문 밖에서 출가자를 만나다

성으로 돌아와 시름에 찬 날들을 보내던 태자는 어느 날 다시 성 밖을 유람하려고 수레에 올랐다. 태자가 수레를 타고 성문 북쪽으로 길을 나섰을 때 길에서 사문 한 사람을 만났다. 그는 머리를 깨끗이 깎고, 가사를 입고, 물병과 발우를 들고, 조용히 걸식하기 위해 길을 걷고 있었다. 태자는 그 사문을 보자 마부에게 물었다.

"저 사람은 어떤 사람이냐?"

마부가 대답했다.

"저 사람은 출가한 사람입니다. 저 사람은 마음이 착하고 행동이 착하며, 착한 곳에 머무르며, 몸과 입과 마음으로 짓는 업이 모두 깨끗합니다. 믿음이 있어 머리를 깎고 여래의 옷을 입으며, 속가를 떠나 열반의 길에 오르기 때문에 출가하였다고 합니다."

"너는 수레를 몰아 저 사문을 뒤따라가거라."

마부가 사문이 있는 곳으로 수레를 몰고 가자 태자가 사문에게 물었다.

"당신은 어떤 사람이며, 무엇 때문에 머리를 깎고 여느 사람들과는 다른 색의 옷을 입었으며, 손에는 주장자와 발우를 들고 걸식하면서 지냅니까?"

"나는 출가한 사람입니다. 항상 착한 마음으로 착한 행동을 닦아서 몸과 말과 마음이 모두 청정하도록 하며, 속가를 떠나서 열반의 길에 올랐기 때문에 출가한 사람이라고 부릅니다."

태자가 찬탄하면서 다짐하였다.

'참으로 훌륭하구나. 나도 저렇게 출가해야겠다. 성으로 돌아가서 그 일을 깊이 생각해 보리라.'[4]

태자는 오랜 세월 청정한 지혜의 선업을 닦아 익히고 온갖 덕의 씨앗을 널리 심었으니, 이제야 그 서원이 꽃피고 열매를 맺게 되었다. 싯다르타 태자는 사문을 보고 온 이후부터 왕궁이 제공하는 풍요와 환락을 즐기지 않고 더욱 사색에 잠기게 되었다. 태자가 자주 출가하려는 뜻을 내비치자 아버지 정반왕은 눈물을 흘리며 말렸다.

"무엇을 바라느냐, 성을 나간다면 언제 돌아오겠느냐? 무엇을 바라는지 내게 말하라."

태자는 정반왕에게 말했다.

"바람이 네 가지 있습니다. 이 네 가지를 들어주신다면 저는 출가할 뜻을 접겠습니다. 첫째는 저를 늙지 않게 해 주십시오. 둘째는 저를 병들지 않게 해 주십시오. 셋째는 저를 죽지 않게 해 주십시오. 넷째는 제게 헤어짐이라는 것이 찾아오지 않게 해 주십시오. 부왕께서 이 네 가지 바람을 들어주신다면 저는 절대로 출가하지 않겠습니다."

---

4 『근본설일체유부 비나야파승사』

그러자 정반왕은 더욱 슬퍼하며 말했다.

"태자의 네 가지 바람을 어찌 들어줄 수 있겠는가. 이 세상 그 누구도 그걸 들어줄 수는 없다."[5]

야쇼다라, 라훌라를 낳다

출가수행하려는 태자의 굳은 결심은 아무도 꺾지 못하였다. 그래서 부왕은 싯다르타 태자의 혼례를 서둘렀다. 이웃 나라 콜리야 성주의 딸 야쇼다라와 부부의 연을 맺으면 세속의 삶에 행복을 느끼고 출가의 뜻을 접을 것이라 생각했다. 하지만 그럴수록 생로병사의 괴로움을 벗어나는 길을 찾아 자신도 행복하고 세상 사람들에게도 괴로움을 떠난 진정한 행복을 안겨 주고픈 태자의 바람은 더욱 간절해졌다.

'재가의 삶이란 번잡하고 때가 낀 길이지만 출가의 삶은 열린 허공과 같다. 재가에 살면서 완벽하고 청정하고 소라고둥처럼 빛나는 청정범행을 실천하기란 쉽지 않다. 그러니 한시라도 빨리 출가하리

5 『불설보요경』

라.'[6]

그러던 어느 날, 야쇼다라 태자비가 아들을 낳았다. 태자비의 출산 소식을 전해 들은 정반왕은 신하를 보내어 태자에게 알렸다. 태자는 이 전갈을 듣자 "장애가 생겼다! 얽매임이 생겼다!"라고 탄식했다. 왕은 태자가 탄식했다는 말을 전해 듣고 아기의 이름을 장애라는 뜻의 '라훌라'라고 지었다.[7]

성을 뛰어넘어 출가하다

이제 더는 수행을 미룰 수 없었다. 어느 날, 모두가 깊이 잠든 시각에 태자는 마부 찬나를 불렀다.

"지금 내 마음이 너무도 간절하니 말에 안장을 얹어 빨리 끌고 오라. 불사(不死)의 경지를 얻기 위해 성을 나가겠다."

찬나가 말을 끌고 오자 태자는 말에 올라 성문을 향해 달렸다. 사천왕이 달려와 말발굽 아래에 손을 받치니 소리가 나지 않았고, 겹겹이 잠긴 단단한 궁전 문도 천신의 신통력으로 저절로 열렸다.

---

6 『맛지마 니까야』「삿짜까 긴 경」

7 본생담, 『멀지 않은 인연 이야기』

부모의 사랑보다 무거운 것이 없고, 자식을 향한 사랑보다 깊은 것이 없으며, 수많은 사람과 은혜와 사랑으로 서로 얽혔지만 태자는 미련을 두지 않았다. 성을 빠져나가 연꽃 같은 맑은 눈으로 부왕이 계신 궁전을 바라보며 다짐했다.

"생로병사를 벗어나지 못하면, 영원히 이런 인연 속에서 살지 않으리라."

그러자 모든 천신과 허공의 용들까지도 함께 기뻐하며 저마다 자신이 가진 힘의 광명으로 태자를 인도하며 가는 길을 밝혀 주었다.[8]

태자는 아노마강에 이르러 제 손으로 머리카락을 자르고 지나는 사냥꾼과 옷을 바꿔 입었다. 부모가 눈물을 흘리며 말리는데도 수행자가 되려고 출가한 싯다르타 태자는 세상에 유익한 것[善]을 구하고 위없는 평화로운 경지를 찾아 길을 나선 사문이 되었다. 그의 나이 29세 때의 일이었다.[9]

8 『불소행찬』
9 『맛지마 니까야』「삿짜까 긴 경」

초기 경전 속 출가 이야기

『불소행찬』

싯다르타 태자는 농경제에서 현실의 실상을 파악한 뒤, 하늘의 신이 출가자로 모습을 꾸며 내려오자 그에 출가를 향한 확고한 뜻을 세운다.

왕은 다시 갖가지
묘하고 훌륭한 오욕거리 더하여
낮이나 밤이나 오락으로써
태자 마음 즐겁게 하려 하였네.

그럴수록 태자는 더욱 싫어해
끝끝내 사랑하고 즐길 마음 없어지고
다만 나고 죽는 괴로움 생각하기
마치 화살 맞은 사자(師子) 같았네.

왕은 모든 대신과
귀족의 명문자제들로서
젊고 출중한 용모에
총명하고 슬기롭고 예의를 아는 자로

낮이나 밤이나 같이 놀고 머물며
태자의 마음 잡게 하였는데
이렇게 한 지 얼마 되지 않아
왕에게 다시 나가 놀기 아뢰었네.

잘 길들인 준마(駿馬)를 타고
여러 가지 보배로 장엄 갖추고
귀족 자제들에 둘러싸여
다 함께 성 밖으로 달려 나갔네.

성을 나가 동산으로 행차할 때
새로 낸 길 넓고도 편편했네.
나무마다 꽃과 열매 무성하니
마음이 즐거워 돌아가는 것도 잊었네.

그러다 길가에서 농부가 밭을 갈 때
온갖 벌레 죽어 감을 보고
태자에게 가엾은 생각 들어
바늘로 찌르는 듯 가슴 아팠네.

게다가 그 밭 가는 농부를 보니
일에 시달려 몸은 말랐고
흐트러진 머리칼에 땀을 흘리며
온몸은 흙먼지를 뒤집어썼고
밭 가는 소도 또한 지쳐서
혀를 빼물고 헐떡거렸네.

자비한 성품 지닌 태자는
가엾게 여기는 마음 지극하여서
길게 탄식하며

말에서 몸을 내려 맨땅에 앉으셨네.

이러한 온갖 괴로움 관찰하시고
나고 멸하는 법 생각할 때
슬프다, 모든 세상 사람들
어리석고 미련하여 깨닫지 못하다니.

여러 사람들을 위로하면서
제각기 마음대로 앉게 하시고
스스로는 염부(閻浮) 나무 그늘에
단정히 앉아 바른 생각 하였네.

나고 죽음과 생하고 멸함
덧없이 변하는 것 관찰할 때
마음이 안정되어 동요 없으며
오욕은 구름처럼 사라져 버렸네.

늙음 · 병듦 · 죽음으로 무너지는
이 세간은 참으로 고달프고 괴롭다.
사람들은 자신이 큰 괴로움 받으면서도

스스로 깨닫지 못하고서
다른 이의 늙음 · 병듦 · 죽음만 싫어하나니
이야말로 커다란 근심거리 아닌가.

내 이제 훌륭한 법 찾고 있나니
마땅히 세상 사람과는 같지 않아서
스스로 늙음 · 병듦 · 죽음에 얽매인 채
도리어 다른 사람 미워하네.

이것은 진실한 관찰이니
젊은 육체와 힘과 또 목숨
새록새록 바뀌어 잠시도 머물지 않고
마침내 멸해 없어지는 법으로 돌아가네.

기뻐하거나 근심하지도 않고
의심하거나 어지럽지도 않으며
빠져들거나 욕심에 집착하지도 않고
무너지거나 그것을 혐오하지 않으며
고요하고 편안해 모든 번뇌를 여의니
지혜의 광명 갈수록 밝아지네.

그때 저 정거천왕(淨居天王)은
비구의 모습으로 변화하여
태자가 있는 곳으로 다가가자
태자는 일어나 공손히 맞이하며 물었네.

"그대는 누구시오?"
"나는 출가한 사문인데
늙음 · 병듦 · 죽음을 싫어하여
출가하여 해탈을 구한답니다.

중생들 늙고 병들고 또 죽으며
변하여 무너짐이 잠시도 쉬지 않나니
그러므로 나는 항상하고 즐거우며
나지도 멸하지도 않는 경지를 구하고 있습니다.

원수든 친한 이든 평등한 마음으로 대하고
재물이나 색(色)을 구하는 일에 애쓰지 않습니다.
편안한 곳은 오직 산림(山林)뿐이니
그곳은 텅 비고 고요하여 경영할 것 없습니다.

티끌 같은 생각 이미 쉬었고
텅 비고 한적한 곳에 의지하여
정밀하거나 거친 것 가리지 않고
구걸한 것으로 이 몸을 지탱합니다."

그리고 그는 곧 태자 앞에서
허공을 날아 멀리 사라져 버렸다.
태자는 못내 마음으로 기뻐하여
그는 단정히 앉아 깊이 생각하다가
곧 바른 법에 대한 생각 얻었다네.

'마땅히 어떤 방편을 써야
소원대로 집을 나갈 수 있을까.'
마음을 거두고 감각기관을 억제하고
천천히 일어나 성으로 들어갔네.

모든 권속들 뒤를 따르며
부디 머물러 멀리 가지 말라 하니
마음속에 가엾은 생각 일어나
장차 세상 밖으로 벗어나려 하였네.

천천히 걸어 궁으로 들어갔네.
제석천의 아들처럼
공손히 부왕의 처소로 나아가
나고 죽음의 두려움 아뢰며
출가하게 해달라고 간절하게 청하였네.

"인간이 사는 세상에서는
만나면 반드시 헤어집니다.
그러므로 집을 떠나
진정한 해탈을 구하려 합니다."

부왕은 출가한다는 말을 듣고서
마음이 크게 두려워 벌벌 떠니
마치 커다란 미친 코끼리가
작은 나뭇가지를 흔드는 것 같았네.

곧 앞으로 나아가 태자 손 잡고
눈물을 흘리면서 타일러 말하였다.
"부디 그런 말 그만두어라.
아직 법에 귀의할 때가 아니다.

젊을 때는 마음이 항상 흔들려
행하는 일마다 잘못 많단다.

기특한 저 오욕의 경계에
마음이 아직 떠나지 못했다면
비록 집을 나가 고행을 닦더라도
마음이 흔들릴 것이다.

내가 출가하겠으니
너는 나를 대신하여 나라를 다스려라.
부디 출가할 마음을 접고 세간법 받아 익혀서
안락하고 좋은 이름 널리 퍼뜨리고
그런 뒤에 출가하는 것이 마땅하지 않겠느냐."

태자는 다시 공손한 말로
부왕에게 아뢰었다네.
"네 가지 일만 보전할 수 있다면
출가할 마음을 접겠습니다.

첫째는, 저의 목숨 보전하여 영원히 살고

둘째는, 병이 없으며
셋째는, 늙어 쇠하지 않으며
넷째는, 사는 데 필요한 것을 다 갖출 수 있게 해 주신다면
명령대로 출가를 그만두겠습니다."

부왕이 태자를 타일렀다.
"너는 부디 그런 말 하지 말라.
그와 같은 네 가지 일을
누가 능히 보전해 없앨 수 있겠는가."

태자는 다시 왕에게 아뢰었다.
"네 가지 바람을 들어줄 수 없다면
아들의 집 떠남을 허락해 주소서.
제 바람을 말리지 말아 주소서.

아들은 지금 불붙은 집에 있는데
어찌하여 나가는 것 허락하지 않습니까.
세상 모든 것은 끝내 헤어져 갈라지는 법인데
어찌하여 출가를 허락하지 않습니까?"

부왕은 아들의 결심을 어찌할 수 없음을 알고
그저 온 힘을 다해 만류해볼 뿐
더 이상 여러 말을 하지 않았다.

_『불소행찬』「출성품」, 동국대학교 불교기록문화유산 아카이브(kabc.dongguk.edu)

『불본행집경』

출가 당일 가족들은 불길한 꿈을 꾼다. 그만큼 사랑하는 싯다르타의 출가를 모두가 만류했다. 하지만 싯다르타 본인은 길한 꿈을 꾼다.

그날 밤에 태자의 이모 마하파사파제가 잠을 자다가 흰 소 한 마리가 성안에서 큰 소리로 울면서 조용히 걸어가는데 아무도 그 앞을 가로막지 않는 꿈을 꾸었다.

그날 밤에 정반왕도 꿈을 꾸었다.

성안 복판에 제석천왕의 깃대가 우뚝 섰는데 그 깃대 가운데서는 또 큰 광명이 나와서 사방을 두루 비췄으며 또 사방에서 큰 구름이 일어나 그 제석천왕의 깃대 위에 모여 큰비를 내렸는데 큰 빗줄기가 쏟아져 그 깃대를 씻었다. 또 공중에서 온갖 아름다운 꽃비가 내리고 그 깃대

둘레에는 한량없는 아름다운 음악이 저절로 울려 퍼졌다. 또 곱고 흰 일산이 하나 있었는데 온갖 보배로 대[竿]를 만들고 황금으로 살을 만들어 단정하고 아름다우며 저절로 그 깃대 위의 사방을 덮었다. 또 사대천왕과 모든 권속들이 성 가운데로 와서 문을 열고 그 제석천왕의 깃대를 가지고 나갔다.

또 그날 밤에 야쇼다라 태자비가 아무것도 모른 채 피곤하게 잠을 자다가 스무 가지 무서운 꿈을 꾸고는 마음과 몸이 떨리고 공포와 불안에 싸여 놀라서 문득 잠을 깼다. 눈물을 비 오듯 흘리고 공포로 슬피 흐느끼며 태자에게 말했다.

"태자여, 내가 간밤에 스무 가지 이상하고도 괴이한 꿈을 꾸었습니다. 1. 나는 꿈에 온 대지가 두루 진동하는 것을 보았고, 2. 제석천왕의 깃대가 땅에 떨어지는 것을 보았고, 3. 허공의 해와 달과 모든 별들이 땅에 떨어지는 것을 보았으며, 4. 그전부터 내게 그늘을 펼쳐 주던 크고 아름다운 일산이 하나 있었는데 마부 차닉이 억지로 빼앗아 가는 것을 보았고, 5. 아름답게 보석으로 치장한 내 머리카락이 칼로 끊어지는 것을 보았고, 6. 내 몸에 있던 온갖 보석 꾸러미가 물에 떠내려가는 것을 보았고, 7. 아름답고 화려하게 치장한 내 몸이 문득 추하고 더러워짐을 보았고, 8. 내 손발이 저절로 떨어져 나가는 것을 보았고, 9. 내 몸이 문득 벌거숭이가 되는 꿈을 꾸었고, 10. 내가 그전부터 항상 앉아 태자님을 섬기던 침상이 문득 저절로 바닥으로 내려앉는 꿈을 꾸었고, 11. 내가 항상 태자님과 함께 누워 자며 쾌락을 누리던 침대의 네 다리가 부러지는 꿈을 꾸었고, 12. 보석으로 가득 찬 거대한 산의 가늘고 날카로운 네 모서리와 한량없이 높은 봉우리에 불길이 솟더니 땅으로 허물어지는 꿈을 꾸었고, 13. 부왕이신 정반왕 궁전 안에 있는 아름드리나무 한 그루가 강한 바람에 부러지는 꿈을 꾸었고, 14. 밝고 둥근 달이 뭇 별에 에워싸여 궁중에 있다가 문득 꺼지는 꿈을 꾸었고, 15. 눈부시게 빛나던 태양이 이 궁전을 빛으로 에워싸고 있다가 문득 그 빛이 꺼지자 세간에 칠흑 같은 어둠이 드리운 꿈을 꾸었고, 16. 이 궁성 안에서 큰 횃불 하나가 성 밖으로 나가는 꿈을 꾸었고, 17. 갖가지 보석으로 화려하고 아름답게 치장하며 이 성을 지키던 수호신이 문득 슬피 울다가 큰소리로 통곡하면서 문밖으로 나가 서는 꿈을 꾸었고, 18. 이 카필라성이 문득 빈 들판이 되어 두렵기가 밤과 같아서 마음에 즐거워할 곳이 없는 꿈을 꾸었고, 19. 카필라성의 모든 연못의 물이 다 흐리고 모든 나무의 꽃과 과실과 가지와 잎이 남김없이 모조리 다 떨어져 땅에 흩어져 텅 빈 가지가 되는 꿈을 꾸었으며, 20. 힘센 장수들이 칼과 창을 들고 몸에 갑옷을 입은 채 사방에서 이리저리 뛰어가는 꿈을 꾸었습니다.

태자여, 저는 이런 스무 가지 꿈을 꾸고 너무 놀라서 두렵습니다. 이것이 무슨 징조인지, 길한지 흉한지, 어떤 과보인지 모르겠습니다. 혹시 내가 죽으려는 꿈인지, 사랑하는 당신과 헤어지려는 꿈인지 대체 무슨 악몽인지 모르겠습니다. 이런 까닭에 나는 이제 마음이 절구질하듯 겁나서 떨다가 소스라쳐 깨었습니다."

그때 태자는 이 말을 듣고 나서 생각했다.

'내가 오래지 않아 세상을 버리고 출가하리라. 그런 까닭에 지금 야쇼다라가 이렇게 무서운 꿈을 꾼 것이다.'

태자가 야쇼다라에게 말했다.

"야쇼다라여, 놀라지 말고 두려워도 말고 여러 생각을 말라. 세간법 가운데는 원래 이런 허망한 꿈이 있으니 걱정하지 말고 편안히 잠들라. 그대 착한 태자비는 나이 젊고 몸이 부드러우니 그렇게 걱정을 하면 피로할까 두렵구나."

야쇼다라는 쾌락을 누리기만 하던 몸으로서 아직 괴로움을 겪지 않았는지라, 태자의 이런 말을 듣고 안심하고 누웠다. 태자는 야쇼다라를 위로하고자 하여 오욕락으로 함께 즐기며 다시 같이 누워 잤다.

그날 밤 태자도 다섯 가지 꿈을 꾸었다.

첫째 꿈에서는 이 대지로 침상을 삼고 수미산을 베개로 삼고 동쪽 대해를 왼팔에 놓고 서쪽 대해를 오른팔에 놓고 남쪽 대해를 두 발에 놓는 것을 보았다. 둘째 꿈에서는 건립(建立)이란 풀이 한 줄기 배꼽에서 솟아나 그 머리가 위로 아가니타 천에 이른 것을 보았다. 셋째 꿈에서는 온갖 빛을 띤 네 마리의 새가 사방에서 날아와 태자의 두 발 아래 있었는데 그 모든 빛이 저절로 흰 빛깔 하나로 변하는 것을 보았다. 넷째 꿈에서는 네 마리의 흰 짐승이 있었는데, 머리는 다 검은 빛이며 발 위에서 무릎에 이르도록 태자의 다리를 핥는 것을 보았다. 다섯째 꿈에서는 높고 큰 똥 무더기 산이 있었는데, 태자 자신이 그 산 위에서 두루 걸어 다니지만 똥이 묻지 않는 것을 보았다.

_『불본행집경』「야수다라몽품」, 동국대학교 불교기록문화유산 아카이브(kabc.dongguk.edu)

『수행본기경』

성을 나온 후 마가다국 빔비사라왕과 대신들이 출가수행자가 되지 말고 자신의 나라를 함께 다스리자는 청을 하면서, 늙고 병들고 죽음을 미리 걱정할 일은 아니라고 출가를 만류하자 싯다르타 태자가 이렇게 대답한다.

"여러분의 말씀과 같아서 미리 근심하지 말아야 한다고 하면, 내가 왕이 되게 하고서 늙음에 이르고 병이 미치며 또는 죽는 때에 당해서 나를 대신하여 이 재앙을 받을 이가 있습니까? 만일 대신할 이가 없다면 어찌 근심하지 않을 수 있겠습니까? 천하에 인자한 아버지와 효자가 있어서 사랑이 골수에 사무쳤다 하더라도 죽을 때를 당해서는 서로가 대신할 수 없습니다. 만약 이 거짓된 몸에 괴로움이 닥쳐오는 날이면 비록 높은 지위에 있고 육친(六親)이 곁에 있다손 치더라도 마치 앞을 보지 못하는 사람에게 등불을 밝혀 주는 것과 다르지 않으니 무슨 이익이 되겠습니까?

변하고 달라지는 모든 법은 무상하여 모두가 허깨비요 진실이 아니며, 부귀영화는 적고 괴로움이 많으며, 몸은 자기 소유가 아니요, 세간은 허무하여 오래 살아 있기 어려우며, 만물은 나면 죽음이 있고 일이 이루어지면 실패가 있으며, 편안하면 위태로움이 있고 얻으면 곧 없어짐이 있나니, 만물은 어수선하고 야단스러워서 모두가 당연히 공(空)으로 돌아가게 됩니다.

정신이 형상은 없되 조급하고 흐리고 밝지 못하면 죽고 나는 데의 재앙에 가서 이르나니, 다만 한 번만 받는 것이 아닙니다. 다만 탐냄과 사랑만을 위하여 어리석음의 그물에 덮여 있으면 나고 죽음의 물에 빠지면서도 그를 깨달을 수가 없기 때문에 나는 산에 들어가려 합니다.

한마음으로 선정을 생각하여 물질[色]을 벗어나고 성냄을 없애며, 구함을 끊고 공을 생각하여 옳고 그름이 없게 할 것입니다. 이렇게 해야 그 근원을 돌이켜 근본으로 돌아가 비로소 그 뿌리를 뽑게 될 것이니, 나의 서원과 같아야 비로소 크게 편안할 수 있을 것입니다.”

빔비사라왕은 이 말을 이해하고서 ‘태자의 뜻은 미묘하여 세간에는 있기 어렵습니다. 반드시 부처님의 도를 얻으시리니, 먼저 저를 제도하여 주옵소서.’라고 하였으며 태자는 조용히 자신의 길을 갔다.

_『수행본기경』 하권 「출가품」, 동국대학교 불교기록문화유산 아카이브(kabc.dongguk.edu)

세존의 출가를 아난다가 들려주다

이 경은 아난다 존자가 ‘사리불 존자와 같은 위대한 제자들의 출가 이야기는 잘 알려져 있는데 세존의 출가는 알려지지 않았다. 그러니 내가 밝혀 보는 것이 어떨까?’라고 생각하고서 비구들에게 설한 이야기다.

눈을 갖춘 님이 어떻게 출가를 했는지, 어떻게 생각한 끝에 그가 출가를 기뻐했는지, 나는 그 출가에 관해 이야기하겠습니다.

재가의 삶은 번잡하고 티끌 쌓이는 장소입니다. 그러나 출가는 자유로운 공간과 같습니다. 이와 같이 보고 그가 출가했던 것입니다. 출가한 뒤에 그는 신체적으로 악행을 피하고, 언어적으로 짓는 악행도 버리고, 아주 청정한 생활을 했습니다.

깨달은 님은 마가다국의 산으로 둘러싸인 라자가하시로 갔습니다. 온몸에 뛰어난 특징을 지닌 그는 탁발하기 위해 간 것입니다. 빔비사라왕은 궁전 위에서 그를 보았습니다. 뛰어난 특징을 갖춘 님을 보고 이와 같이 말했습니다.

"그대들은 저 사람을 보아라. 아름답고 건장하고 청정하고, 걸음걸이도 우아할 뿐 아니라 멍에의 길이만큼 앞만을 본다. 눈을 아래로 뜨고 새김을 확립하고 있다. 그는 천한 가문 출신이 결코 아니다. 왕의 사신들이여, 그를 쫓아가라. 저 수행승이 어디로 가고 있는 것인지 알아보아라."

왕의 사신들이 그의 뒤를 따라갔습니다.

'저 수행승은 어디로 가고 있는 것일까? 그는 어디에 머물려 하는 것일까?'

그는 감각기관을 수호하여 잘 다스리고, 올바로 알아차림, 새김을 확립하고, 차례로 탁발을 하면서 잠깐 동안에 발우를 채웠습니다. 성자는 탁발을 끝내고 그 도시 밖으로 나와 '여기에 나의 처소가 있을 것이다'라고 생각하며 빤다바산으로 향했습니다. 그가 처소에 도착한 것을 보자 사신들은 그에게 가까이 다가갔습니다. 그리고 한 사신은 돌아가 왕에게 그 사실을 아뢰었습니다.

"대왕이시여, 그 수행승은 빤다바산 앞쪽에 있는 굴속에 호랑이나 황소처럼, 그리고 사자처럼 앉아 있습니다."

사신의 말을 듣자 전사의 왕은 수레를 타고 그곳으로 달려갔습니다. 가까이 다가간 왕은 곁에 앉아서 인사를 나누고 안부를 주고받은 뒤에 이와 같은 도리를 말했습니다.

"당신은 아직 어리고 젊습니다. 첫 싹이 트고 있는 청년입니다. 용모가 수려하니 고귀한 왕족 태생인 것 같습니다. 코끼리의 무리가 시중드는 위풍당당한 군대를 정렬하여 당신께 선물을 드리니 보십시오. 묻건대, 당신의 태생을 말해 주십시오."

"왕이여, 저쪽 히말라야 중턱에 국가가 하나 있습니다. 코살라국의 주민으로 재력과 용기를 갖추고 있습니다. 씨족은 '아딧짜'라 하고 종족은 '싸끼야'라고 합니다. 그런 가문에서 감각적 욕망을 구하지 않고 왕이여, 나는 출가한 것입니다. 감각적 쾌락의 욕망에서의 재난을 살피고, 그것에서 벗어남을 안온으로 보고 나는 정진하러 가는 것입니다. 내 마음은 이것에 기뻐하고 있습니다."

_『숫타니파타』「출가의 경」, 전재성 역, 한국빠알리성전협회

출가한 이유를 왕이 묻다

젊어서는 쾌락을 누리고 청춘을 즐길 때인데 그 모든 것을 뿌리치고

출가한 랏타빨라에게 나라의 왕이 출가 이유를 묻는 내용이다.

이와 같이 나는 들었다. 한때 세존께서 꾸루국에서 많은 수행승들과 유행하다가 툴라꼿티따라는 도시에 도착하셨다. 그때 그 도시의 바라문 장자들은 이와 같이 들었다.

"세존 고타마께서 많은 수행승들과 함께 쌀라 마을에 도착했다. 세존 고타마는 '세존께서는 공양 받을 만하고, 올바로 원만히 깨달으시고, 명지와 행을 갖추시고, 잘 가셨고, 세상을 이해하고, 가장 높은 자리에 오르셨고, 사람들을 길들이시고, 신들과 인간의 스승이시며, 부처님이신 세존이시다. 그는 이 신들과 악마들, 범천의 세계와 사문바라문들과 왕들과 백성의 세계에 관해 스스로 알고 깨달아 가르친다. 그는 처음도 착하고, 중간도 착하고, 끝도 착하고, 의미를 갖추고, 표현을 갖춘 가르침을 설하고, 충만하고 순결하고 청정한 삶을 가르치신다.'라는 소문이 있는 분이니 이 같은 거룩한 이를 찾아뵙는 것은 좋은 일이다."

그래서 사람들은 다투어 세존을 찾았다. 세존께서는 진리에 관한 이야기로 사람들을 일깨우고 격려하고 기쁘게 했다. 그런데 그때 툴라꼿티따에서 가장 부유한 집안의 아들인 랏타빨라가 그 대중 가운데 있다가 이렇게 생각했다.

'세존의 가르침을 알면 알수록, 재가에 살면서 가장 완전하고 가장 깨끗하며 소라껍데기처럼 잘 연마된 청정한 삶을 살기가 쉽지 않다. 그러니 나는 머리와 수염을 깎고 가사를 입고 집에서 집 없는 곳으로 출가하는 것이 어떨까?'

사람들이 세존께 인사를 드리고 그곳을 떠나자 랏타빨라는 이내 세존께 다가가서 자신의 생각을 말씀드렸다. 그러자 세존께서 물으셨다.

"랏타빨라여, 그대는 부모님에게 출가의 허락을 받았는가?"

"부모의 허락을 받지 않았습니다."

"여래는 부모의 허락을 받지 않은 자를 출가시키지 않는다."

"그렇다면 부모님의 허락을 구해 보겠습니다."

그래서 랏타빨라는 자리에서 일어나 집으로 갔다. 그리고 부모에게 여쭈었다.

"부모님, 출가하고자 합니다. 허락해 주십시오."

부모는 아들에게 말했다.

"사랑하는 아들 랏타빨라야, 너는 우리의 사랑스러운 아들이다. 너는 안락하게 살고 안락하게 성장했으며, 어떠한 괴로움도 모른다. 그러지 말고 맛있는 음식을 먹고 마시고 더 유쾌하게 즐기며 사는 것이 어떻겠느냐? 우리는 너의 출가를 허락할 수 없다. 설령 네가 죽었다고 해도 네가 없는 삶을 상상할 수도 없는데 어떻게 살아서 이별하는 출가를 허락하겠는가?"

부모의 반대는 완강하였다. 그러자 랏타빨라는 바닥에 누워 버렸다.

"출가할 수 없다면 여기서 죽겠습니다."

부모가 그를 설득했지만 랏타빨라는 완강했다. 결국 부모는 아들의 친구들을 찾아가서 출가를 말려 달라고 요청했다. 친구들이 그를 설득했지만 소용이 없었다. 그러자 친구들은 랏타빨라의 부모에게 말했다.

"출가를 허락하지 않는다면 그는 그 자리에서 죽을 것입니다. 출가를 허락하시는 것이 어떻겠습니까? 출가하면 만날 수는 있을 것입니다. 그리고 만약 랏타빨라가 출가 생활에 재미를 느끼지 못하면, 달리 길이 있겠습니까? 반드시 집으로 돌아올 것입니다."

부모는 하는 수 없이 허락하였다. 하지만 조건을 내걸었다.

"출가하는 것을 허락한다. 그러나 출가한 뒤에 부모를 방문해야 한다."

그리하여 훌륭한 가문의 아들 랏타빨라는 기운을 차린 뒤에 세존을 찾아가 출가하여 구족계를 받았다.

그 후 존자 랏타빨라는 홀로 머물며 방일하지 않고 열심히 노력 정진하여 얼마 지나지 않아 출가한 목적인 위없는 청정한 삶의 완성을 지금 여기에서 스스로 알고 깨닫고 성취했다. '태어남은 부서지고 청정한 삶은 이루어졌다. 해야 할 일은 다 마치고 더 이상 윤회하는 일은 없다.'라고 분명히 알았다. 그는 아라한이 되었다.

어느 날 존자 랏타빨라가 세존께 말했다.

"세존께서 허락하신다면, 저는 부모를 방문하고 싶습니다."

세존은 자신의 마음으로 그의 마음을 유추해서 그가 환속하지 않으리라는 것을 알고 허락하셨다. 존자 랏타빨라는 고향을 향해 출발하였다. 그런데 집이 있는 툴라꼿티따시에 도착해서는 곧바로 집으로 향하지 않고 왕 소유의 정원에 머물렀다.

그리고 아침 일찍 탁발하러 마을로 들어가서 차례로 탁발하면서 자신의 옛집에 도착했다. 그때 존자 랏타빨라의 아버지는 방에서 수염을 깎고 있다가 멀리서 다가오고 있는 탁발승을 보고 이렇게 말했다.

"저런 머리를 빡빡 깎은 수행자들 때문에 사랑스러운 내 외아들이 출가했다."

그래서 존자 랏타빨라는 부모님의 집에서 보시를 얻지 못하고 거절과 비난을 당했다. 마침 그때 하녀가 지난밤에 먹다 남은 죽을 버리려고 나오자 그가 청했다.

"자매여, 버릴 음식이라면 나의 발우에 부어 주시오."

하녀는 죽을 발우에 붓다가 주인집 아들의 손과 발과 음성의 특징을 알아보았다. 그래서 서둘러 존자 랏타빨라의 어머니에게 달려가 사실을 일러 주었다. 어머니는 크게 기뻐하며 말했다.

"얘야, 네 말이 사실이라면, 네 노예 신분을 면해 주겠다."

그리고 즉시 남편과 함께 아들의 뒤를 좇아 거리로 나왔다. 이때 존자 랏타빨라는 어느 성벽에 기대서 죽을 먹고 있었는데 아버지가 발견하고 다가가서 말했다.

"사랑하는 아들 랏타빨라야, 여기 있었구나. 그런데 너는 들어갈 집이 있는데도 지난밤에 먹다 남긴 죽을 먹고 있구나."

"장자여, 집에서 집 없는 곳으로 출가한 자에게 어떻게 자기 집이 있겠습니까? 저는 집 없는 자이고, 그대의 집으로 갔었습니다. 하지만 나는 거기서 보시를 얻지 못하고 거절을 당하고 오직 꾸지람을 들었습니다."

"자, 사랑하는 아들 랏타빨라야, 집으로 가자."

"됐습니다. 나는 방금 오늘의 식사를 마쳤습니다."

"그렇다면 내일 아침에 식사를 들도록 해라."

존자 랏타빨라는 침묵으로 동의하였다. 아버지는 집으로 돌아갔다. 그리고 많은 금화를 쌓아 덮개로 덮어놓고 존자 랏타빨라의 옛 아내들에게 말했다.

"너희는 내 아들 랏타빨라의 마음을 흔들 수 있는 가장 아름다운 옷으로 치장하여라."

다음 날 아침 아버지는 특별히 맛있는 음식을 차린 뒤에 때를 알렸다. 존자 랏타빨라가 아버지의 집으로 가서 자리에 앉았다. 그런데 아버지는 음식을 내오지 않고 금화 더미를 열어 보이며 말했다.

"사랑하는 랏타빨라야, 이것이 모두 네 재산이다. 이 재산을 가지고 인생을 즐기고 좋은 일을 해서 공덕을 쌓을 수도 있다. 그러니 이제 집으로 돌아오너라.”

“장자여, 당장 저 금화 더미를 수레에 실어서 갠지스강에 버리십시오. 왜냐하면 저 금화 때문에 우울, 슬픔, 고통, 근심, 불안이 생겨나기 때문입니다.”

그러자 존자 랏타빨라의 옛 아내들이 그의 두 발을 부여잡고 말했다.

“서방님, 아름다운 하늘 여인들 때문에 청정한 삶을 영위합니까?”

“자매들이여, 내가 청정한 삶을 영위하는 것은 그 이유 때문이 아닙니다.”

옛 아내들은 그가 자신들을 자매라고 불렀다면서 슬피 울다가 졸도하고 말았다. 그러자 존자 랏타빨라는 장자에게 말했다.

“음식을 주시려면 주십시오. 저를 더 이상 괴롭히지 마십시오.”

그러자 아버지는 훌륭한 여러 가지 음식을 손수 대접하였다. 이윽고 존자 랏타빨라는 음식을 먹고 난 뒤 일어서서 다음과 같은 시를 읊었다.

저토록 눈부신 황금 더미도 상처만 안겨 준다.
병을 불러오며 견고하게 지속하지 못한다.
저토록 아름답게 치장했어도 뼈와 가죽을 덮을 뿐이다.
보석과 귀고리, 옷으로 덮여 아름답게 보일 뿐이다.

머리카락은 헤나 염료로 장식하고 얼굴에는 분을 발랐지만
여덟 갈래로 머리를 땋고 눈에는 진한 화장을 했지만
화장품으로 덧없는 몸뚱이를 화려하고 아름답게 꾸몄지만
어리석은 자는 유혹할 수 있어도
피안을 구하는 자를 속이지 못하네.
사냥꾼이 그물을 치고 기다리지만
사슴은 그물에 걸려들지 않네.
사슴 사냥꾼이 울어도 상관없이 사슴은 먹이를 먹고 간다네.

존자 랏타빨라는 시를 읊은 후 왕의 정원으로 가서 나무 아래에 앉아 한낮의 휴식을 취하였다. 그런데 마침 그때 왕이 나들이를 나왔다가 존자 랏타빨라를 발견하였다. 왕은 그에게 다가가서 인사와 안부를 주고받은 뒤에 이와 같이 말했다.

"존자 랏타빨라여, 여기 코끼리 언치에 앉으십시오."

"아닙니다. 왕이여, 나는 이미 내 깔개에 앉았습니다."

왕은 자리에 앉아서 존자 랏타빨라에게 말했다.

"존자 랏타빨라여, 다음과 같은 네 가지 쇠망이 있습니다. 그 네 가지 쇠망을 겪었기 때문에, 이 세상에 어떤 사람들은 머리와 수염을 깎고 가사를 입고 집에서 집 없는 곳으로 출가합니다. 어떠한 것이 네 가지인가? 늙음으로 인한 쇠망, 질병으로 인한 쇠망, 재산으

로 인한 쇠망, 친족으로 인한 쇠망입니다.

① 이 세상에서 어떤 사람이 늙어 인생의 마지막 단계에 와서 이렇게 생각합니다. '나는 지금 인생의 마지막 단계에 와 있다. 이제 와서 아직 얻지 못한 재산을 얻고 이미 얻은 재산을 더 불린다는 것은 쉽지 않다. 그러니 이제 출가하면 어떨까?' 그는 그 늙음으로 인한 쇠망이 있기에 머리와 수염을 깎고 가사를 입고 출가합니다. 존자여, 이것이 늙음으로 인한 쇠망입니다. 그러나 존자 랏타빨라는 지금 나이가 젊고 머리가 칠흑 같고 젊음의 축복으로 가득 찬 인생의 초년기에 있으며 이런 늙음으로 인한 쇠망이 없습니다. 그런데 무엇을 알고 보고 들었기에 출가했습니까?

② 이 세상에서 어떤 사람이 중병에 걸려 괴로워하면서 이렇게 생각합니다. '나는 지금 중병에 걸렸다. 이제 와서 아직 얻지 못한 재산을 얻고 이미 얻은 재산을 불리기란 어렵다. 그러니 출가하자.' 그는 그 질병으로 인한 쇠망이 있기에 머리와 수염을 깎고 가사를 입고 집에서 집 없는 곳으로 출가합니다. 존자여, 이것이 질병으로 인한 쇠망입니다. 그러나 그대는 지금 병이 없고, 소화를 잘 시키며 이런 질병으로 인한 쇠망이 없습니다. 그런데 무엇을 알고 보고 들었기에 출가했습니까?

③ 이 세상에서 어떤 사람이 매우 부유하지만 차츰 그 재산이 줄어듭니다. 그는 이렇게 생각합니다. '재산이 줄어든다. 그렇지만 아

직 얻지 못한 재산을 얻고 이미 얻은 재산을 증대시킨다는 것은 쉽지 않다. 그렇다면 출가하는 것이 어떨까?' 그는 재산으로 인한 쇠망이 있기에 출가합니다. 존자여, 이것이 재산으로 인한 쇠망입니다. 그러나 그대는 이 도시에서 가장 부유하고 훌륭한 가문의 아들로서, 재산으로 인한 쇠망은 없습니다. 그런데 무엇을 알고 보고 들었기에 출가했습니까?

④ 이 세상에서 어떤 사람에게 많은 친구와 친지가 있으나 그들은 차츰 사라집니다. 그는 이와 같이 생각합니다. '일찍이 많은 친구와 친지가 있었지만 차츰 사라진다. 그러니 내가 아직 얻지 못한 재산을 얻고 이미 얻은 재산을 증대시킨다는 것은 쉽지 않다. 자, 이제 출가하면 어떨까?' 그는 그 친지로 인한 쇠망이 있기에 출가합니다. 존자여, 이것이 친지로 인한 쇠망입니다. 그러나 그대는 이 도시에서 가장 많은 친구와 친척이 있어서 이러한 친지로 인한 쇠망이 없습니다. 그런데 무엇을 알고 보고 들었기에 집에서 집 없는 곳으로 출가했습니까?

존자 랏타빨라여, 그대에게는 이러한 네 가지 쇠망이 없는데 무엇을 알고 보고 들었기에 집에서 집 없는 곳으로 출가했습니까?"

"대왕이여, 세존께서 간략하게 설하신 네 가지 진리에 대한 가르침이 있는데 저는 그것을 알고 보고 들었기에 출가했습니다. 어떠한 것이 네 가지인가?

① '이 세상은 불안정하여 사라진다.'라고 세존께서 설하셨는데, 저는 그것을 알고 보고 들었기에 집에서 집 없는 곳으로 출가했습니다.

② '이 세상은 피난처가 없고 보호자가 없다.'라고 설하셨는데, 저는 그것을 알고 보고 들었기에 집에서 집 없는 곳으로 출가했습니다.

③ '이 세상은 나의 것이 없고 모든 것은 버려지게 마련이다.'라고 설하셨는데, 저는 그것을 알고 보고 들었기에 집에서 집 없는 곳으로 출가했습니다.

④ '이 세상은 불완전하며 불만족스럽고 갈애의 노예 상태이다.'라고 설하셨는데, 저는 그것을 알고 보고 들었기에 집에서 집 없는 곳으로 출가했습니다.

대왕이여, 세존께서 간략하게 설하신 이러한 네 가지 진리에 대한 가르침이 있습니다. 저는 그것을 알고 보고 들었기에 집에서 집 없는 곳으로 출가했습니다."

"'이 세상은 불안정하여 사라진다.'라는 것이 무슨 뜻입니까?"

"대왕이여, 당신이 20대였을 때에, 코끼리와 말을 잘 다루고 수레 몰기와 활과 칼에도 능하고, 팔다리에 힘이 있고, 강건하여 전쟁을 수행할 수 있었습니까?"

"충분히 그랬습니다. 이따금 신통력이 있지 않았는지 놀라웠을 정도입니다. 나와 힘으로 겨룰 수 있었던 사람은 없었습니다."

"그런데 지금도 팔다리에 힘이 있고 강건하여 전쟁을 수행할 수 있습니까?"

"그렇지 않습니다. 나는 지금 늙었고 여든 살입니다. 이따금 이쪽에 나의 발을 내디딘다고 하면서 다른 쪽으로 나의 발을 옮깁니다."

"그래서 세존께서는 '이 세상은 불안정하여 사라진다.'라고 설하셨고, 저는 그것을 알고 보고 들었기에 출가했습니다."

"맞습니다. 참으로 이 세상은 불안정하여 사라집니다. 그런데 존자 랏타빨라여, 이 왕국에는 코끼리 군대, 기마 군대, 전차 군대, 보병 군대가 있어 우리를 위험에서 지켜 줄 텐데 '이 세상은 피난처가 없고 보호자가 없다.'니 이것은 무슨 뜻입니까?"

"대왕이여, 당신에게는 만성적인 질병이 있습니까?"

"만성적인 풍병이 있습니다. 때때로 나는 '이제 왕 꼬라비야는 죽는다.'라고 생각하는 친지들에 둘러싸여 있습니다."

"대왕이여, 당신은 그들 친지들에게 '어서 와서 나의 고통을 나누어 가져가다오.'라고 합니까? 그렇지 않으면 그대가 혼자 그 고통을 감수합니까?"

"고통을 나눌 수는 없습니다. 나 혼자 그 고통을 감수합니다."

"그래서 세존께서는 '이 세상은 피난처가 없고 보호자가 없다.'라고 설하셨는데, 저는 그것을 알고 보고 들었기에 출가했습니다."

"맞습니다. 참으로 이 세상은 피난처가 없고 보호자가 없습니다. 그런데 존자 랏타빨라여, 이 왕국에는 많은 금은이 지하와 지상에 묻혀 있는데 앞서 '이 세상은 나의 것이 없고 모든 것은 버려지게 마련이다.' 라고 말했는데 그건 무슨 뜻입니까?"

"대왕이여, 당신이 저 세상에서도 지금처럼 온갖 쾌락을 즐길까요? 아니면 다른 사람이 그대의 재산을 넘겨받고, 그대는 지은 행위대로 갈 길을 갈까요?"

"다른 사람이 내 재산을 넘겨받고, 나는 지은 행위대로 갈 길을 갈 것입니다."

"그래서 세존께서는 '이 세상은 나의 것이 없고 모든 것은 버려지게 마련이다.'라고 설하셨는데, 저는 그것을 알고 보고 들었기에 출가했습니다."

"맞습니다. 참으로 이 세상은 나의 것이 없고 모든 것은 버려지게 마련입니다. 그런데 앞서 그대는 '이 세상은 불완전하며 불만족스럽고 갈애의 노예 상태이다.'라고 말했는데 무슨 뜻입니까?"

"대왕이여, 당신은 부강한 꾸루국에 살고 계시지요? 그런데 여기 믿을 만하고 정직한 사람이 당신을 찾아왔다고 합시다. 그가 와서 '대왕이여, 저는 이곳보다 더 부유하고 사람이 많은 나라를 보았습니다. 거기에는 온갖 군대가 있고, 많은 상아와 수많은 보석 그리고 아름다운 여자들이 있습니다. 그러니 무력을 사용하여 그곳을 정복하십시오.'라고 말했다고 합시다. 당신은 어떻게 하시겠습니까?"

"나는 그곳을 정복할 것입니다."

"그래서 세존께서는 '이 세상은 불완전하며 불만족스럽고 갈애의 노예 상태이다.'라고 설하셨는데, 저는 그것을 알고 보고 들었기에 출가했습니다."

"맞습니다. 참으로 이 세상은 불완전하며 불만족스럽고 갈애의 노예 상태입니다."

존자 랏타빨라는 다시 이와 같이 게송으로 말했다.

세상의 부유한 사람들을 보자니
어리석어 재산을 얻어도 보시하지 않고
탐욕스러워 재물을 쌓아두고도
점점 더 감각적 쾌락을 열망합니다.
왕은 폭력으로 땅을 정복하고
바다에 이르기까지 전 국토를 다스리며

바다의 이쪽에 만족하지 않고
바다의 저쪽마저도 갖길 원합니다.

왕뿐만 아니라 많은 사람들은
갈애를 떨치지 못하고 죽음을 맞아
불완전한 채로 몸을 버리니,
세상의 감각적 쾌락에는 만족이 없습니다.
친지들은 머리카락을 풀어헤치고 울부짖지만
수의로 그를 감싸서 장작더미를 모아 불태웁니다.
재산은 버려지고, 한 벌 수의만 입혀지고
불 꼬챙이에 찔리며 불태워지니
죽어 가는 자에게는 친족도 벗들도 친구들도
피난처가 되지 않습니다.

상속자가 그 재산을 가지고 가고
사람은 그 행위를 따라서 저 세상으로 가니
죽은 자에게 재산이 따라다니지 않고
처자도 재산도 땅도 마찬가지입니다.

돈으로 장수를 얻지 못하고 또한 재산으로 노쇠를 면할 수 없네.

인생은 짧고 무상하고 변화하는 것이라고 현자는 말합니다.
부자나 빈자나 현자나 어리석은 자 모두 죽음을 만나지만
어리석은 자는 그 어리석음에 얻어맞아 누웠으나
현명한 자는 죽음과 만나도 두려움이 없습니다.
그러므로 지혜가 재산보다 탁월하고
지혜로 궁극적인 목표를 이룹니다.

이 생 저 생 떠돌면서 어리석은 자는 악행을 저지릅니다.
모태에 들어 저 세상으로 가고, 또 다른 곳으로 윤회합니다.
적은 지혜만 가지고 그것을 신뢰하는 자,
모태에 들어 저 세상으로 갑니다.

도둑이 강도에 사로잡혀 악한 행위에 괴로워하듯이
사람들은 죽은 후에 다음 세상에서 악한 행위로 괴로워합니다.
감미롭고 즐거운 다양한 감각적 쾌락이 마음을 어지럽히니
감각적 쾌락의 묶임에서 재난을 보고
왕이여, 나는 출가를 택했습니다.

과일이 나무에서 떨어지듯이
청년이건 노인이건, 몸이 부서지면 떨어지니

왕이여, 이것을 보고 출가했습니다.

진실한 수행자의 길이 더 탁월합니다.

_『맛지마 니까야』「랏타빨라경」, 전재성 역, 한국빠알리성전협회

출가에 관한 정형구

이 세상의 재가자가 여래가 출현하셨음을 알고, 여래에게 다가가 그 가르침을 듣는다. 가르침을 듣고서 그는 여래에게 믿음을 가진다. 그는 이런 믿음을 갖추고서 이렇게 생각한다.

'재가의 삶이란 번잡하고 때가 낀 길이지만 출가의 삶은 열린 허공과 같다. 재가에 살면서 더할 나위 없이 완벽하고 지극히 청정한 소라고둥처럼 빛나는 청정범행을 실천하기란 쉽지 않다. 그러니 나는 이제 머리와 수염을 깎고 물들인 옷을 입고 집을 떠나 출가하리라.'

그는 나중에 재산이 적건 많건 간에 모두 다 버리고, 일가친척도 적건 많건 간에 다 버리고, 머리와 수염을 깎고 물들인 옷을 입고 집을 떠나 출가한다.

_『맛지마 니까야』「갈애멸진의 긴 경」, 전재성 역, 한국빠알리성전협회

출가수행자가 지켜야 할 행동 양식

수행승들이여, 내 말을 들으라. 그대들에게 번뇌 없애는 가르침을 말하겠노라. 모두 잘 새겨라. 유익함을 보는 슬기로운 자라면 출가한 사람에게 적합한 행동 양식을 배워 행하라.

수행승은 때가 아닌 때에 돌아다니지 말아야 한다. 정해진 시각에 탁발을 하러 마을에 가라. 때 아닌 때에 다니면 집착에 얽매이기 때문이다. 그러므로 깨달은 님들은 때 아닌 때에 다니지 않는다.

모든 형상과 소리와 냄새와 맛과 감촉은 중생을 도취시킨다. 이런 것에 대한 욕망을 삼가고, 정해진 시각에 아침 식사를 얻으러 마을에 들어가라.

그리고 수행승은 바른 때에 탁발한 음식을 얻어 홀로 돌아와 외딴곳에 앉아서, 안으로 돌이켜 자신을 섭수하고 마음이 밖으로 흩어지게 해서는 안 된다.

어떠한 다른 제자이든 어떠한 다른 수행승이든 함께 이야기할 기회가 있거든, 그에게 훌륭한 가르침을 말해 주어라. 중상하거나 비방해서는 안 된다.

어떤 사람들은 비난받으면 적대하는데, 우리는 그 지혜가 적은 사람들을 칭찬하지 않는다. 그들에게는 집착들이 이곳저곳에 들러

붙는다. 왜냐하면 그들은 자신의 마음을 그곳에 깊숙이 말려들게 하기 때문이다.

지혜가 뛰어난 님의 제자는 바른길로 잘 가신 님의 설법을 듣고, 탁발한 음식과 잠자리와 깔개 그리고 가사의 때를 씻을 물을 조심해서 사용하라.

그러므로 수행승은 탁발한 음식과 잠자리와 깔개 그리고 가사를 세탁할 물, 이러한 것들에 의해 마치 연꽃잎에 구르는 물방울처럼, 더럽혀지는 일이 없다.

이와 같이 행하는 제자는 훌륭하다. 오로지 수행승에게 주어지는 가르침은 소유에 얽매인 사람(재가자)이 지킬 수 없다.

_『숫타니파타』「담미까의 경」, 전재성 역, 한국빠알리성전협회

출가 생활의 결실

마가다국 아자타삿투왕이 석가모니 부처님에게 나아가서 출가수행을 하면 눈에 보이는 현실적인 과보가 있는지를 여쭙는 내용이다. 부처님은 왕에게 재가 생활을 하던 사람이 출가하면 현실적으로 눈에 보이는 과보에 대하여 여러 단계로 나누어 설명하신다.

"세존이시여, 저는 세존께도 같은 질문을 드립니다. 세상에는 여러 가지 기술 분야들이 있습니다. 그런 기술을 지니고 살아가는 사람들은 기술을 가지고 노력한 결과를 지금 여기에서 스스로 보아 알 수 있으며 그들은 그런 결과로 살아갑니다. 그들은 기술을 가지고 노력하여 얻은 결실로 스스로 행복하고 만족하며, 부모와 가족과 친구와 동료를 행복하게 하고 만족하게 하며, 수행자들에게 많은 보시를 합니다. 그러한 보시는 고귀한 결말을 가져다 주고 신성한 결말을 가져다 주며 행복을 익게 하고 천상에 태어나게 합니다. 그렇다면 세존이시여, 출가 생활에도 이처럼 지금 여기에서 스스로 보아 알 수 있는 어떤 결실이 있습니까? 세존께서는 그 결실을 밝혀 주실 수 있습니까?"

"대왕이여, 할 수 있습니다. 이제 그대에게 다시 물어보리니 옳다고 생각하는 대로 설명해 주십시오.

대왕이여, 여기에 그대를 섬기는 하인이 있다고 합시다. 그 사람은 일찍 일어나고 늦게 자며, 늘 그대의 명령을 기다리며 귀를 기울이고, 그대의 마음에 들게 하고, 듣기 좋은 말을 하며, 그대의 [심기를 헤아리기 위해서] 얼굴을 항상 살펴볼 것입니다. 그런 그가 이렇게 복종하는 삶을 그만두고 어느 날 출가한다고 합시다. 그가 출가하여 몸으로 단속하면서 머물고 말로 단속하면서 머물고 마음으로 단속하면서 머물 것입니다. 먹고 입는 것을 절제하여 지족하고 한

거(閑居)를 기뻐할 것입니다.

그때 어떤 자들이 그대에게 고하기를, '예전에 폐하를 섬기던 하인이 출가하여 절제하고 지족하며 한거를 기뻐하면서 살아가고 있습니다.'라고 한다고 합시다. 그러면 그대는 그 사람을 다시 끌고 와서 예전처럼 하인으로 살아가게 하시겠습니까?"

"세존이시여, 그렇지 않습니다. 오히려 우리는 그에게 절을 하고 자리에서 일어나 [영접하고] 자리에 앉기를 권하고 의복과 음식과 거처와 병구완을 위한 약품을 마련하여 그를 초대하고 그를 법답게 살피고 감싸고 보호를 해드릴 것입니다."

"대왕이여, 그렇다면 이것이야말로 지금 여기에서 스스로 보아 알 수 있는 출가 생활의 결실 아니겠습니까? 이것이 지금 여기에서 스스로 보아 알 수 있는 첫 번째 출가 생활의 결실입니다.

대왕이여, 또 여기에 그대에게 세금을 바치고 그대의 부를 증장시켜 주는 농사짓는 장자 한 사람이 있다고 합시다. 어느 날 그는 더 이상 권력자의 부를 증장시켜 주는 일을 하지 않고 출가하여 수행하겠노라 결심하고서, 온갖 재산을 다 버리고 머리와 수염을 깎고 물들인 옷을 입고 집을 떠나 출가할 것입니다. 그는 이와 같이 출가하여 몸으로 단속하면서 머물고 말로 단속하면서 머물고 마음으로 단속하면서 머물고 먹고 입는 것을 절제하여 지족하고 한거를 기뻐할 것입니다. 이 사실을 알고서 그대가 사람들을 시켜 그를 다시 데려와서 세금을 바치라고 명하겠습니까?"

"세존이시여, 그렇지 않습니다. 오히려 우리는 그를 정중하게 대하고 보호할 것입니다."

"대왕이여, 이것이 지금 여기에서 스스로 보아 알 수 있는 두 번째 출가생활의 결실입니다.

대왕이여, 열 가지 명호를 갖춘 여래가 세상에 출현합니다. 여래가 사람들에게 청정한 수행에 관한 법문을 들려주자 어떤 사람이 이 가르침을 들었습니다. 그는 이 법을 듣고서 여래에게 믿음을 가집니다. 그리고 이렇게 깊이 생각합니다. '재가의 삶은 꽉 막혀 있고 먼지가 가득 찬 길이지만 출가의 삶은 활짝 열린 허공과 같다. 재가로 살면서 완벽하고 지극히 청정한 소라고둥처럼 빛나는 청정 범행을 실천하기란 쉽지 않다. 그러니 이제 머리와 수염을 깎고 물들인 옷을 입고 집을 떠나 출가하리라.' 그는 모든 재산과 가족들을 버리고 머리와 수염을 깎고 물들인 옷을 입고 집을 떠나 출가합니다.

그는 출가해서 바르게 계행을 지켜 생활합니다. 작은 허물에도 두려움을 보고, 몸과 입으로 선업을 지으며 바르게 생계를 유지하고 감각기관을 잘 지키며 모든 행동거지를 알아차리고 마음챙김을 하며 몸을 보호하기 위한 옷과 위장을 지탱하기 위한 음식에 만족하며 지냅니다.

대왕이여, 이와 같이 계를 잘 지키는 비구는 스스로를 잘 단속하기 때문에 어느 곳에서나 누구를 대하여도 두려움이 일어나지 않습니다. 계를 잘 지키는 까닭에 안으로 비난받지 않는 행복을 경험합니다.

이렇게 계를 잘 지키고 감각기관을 잘 지키며 마음챙김과 알아차림을 잘 갖춘 그는 숲속이나 나무 아래나 산이나 골짜기, 묘지 등의 외딴 처소에 머뭅니다. 그는 탁발에서 돌아오면 두 발을 맺고 윗몸을 반듯하게 세우고 얼굴 앞에 주의집중을 하고 앉습니다.

이렇게 앉아서 세상에 대한 욕심을 제거하여 욕심을 버린 마음으로 머뭅니다. 분노를 버린 마음으로 머뭅니다. 게으름과 무기력함이 없는 마음으로 머뭅니다. 들뜸과 후회가 없는 마음으로 머뭅니다. 의심이 없는 마음으로 머뭅니다.

자신에게서 이들 다섯 가지 장애[五蘊]가 제거되었음을 관찰할 때, 비구는 스스로 빚에서 벗어난 사람, 병이 쾌유한 사람, 감옥의 굴레에서 풀려난 사람, 자유인, 그리고 안전한 곳에 다다른 사람으로 여깁니다.

대왕이여, 자신에게서 이들 다섯 가지 장애가 제거되었음을 관찰할 때 몸과 마음에 기쁨이 생깁니다. 그러면 행복을 느끼고 이로부터 차분히 선정의 네 단계로 깊이 들어갑니다. 이것도 스스로 보아 알 수 있는 출가 생활의 결실이니 앞에서 설명한 출가 생활의 결실들보다 더 뛰어나고 더 수승한 것입니다.

그가 이와 같이 마음이 삼매에 들어 청정해지고 흠이 없고 부드럽고 활기가 넘쳐나면서도 안정되고 흔들리지 않는 상태에 이르면 마음을 지혜로 기울입니다. 그리하여 여섯 가지 신통력을 얻습니다. 그 여섯 가지란 신족통, 천이통, 타심통, 숙명통, 천안통, 누진통입니다. 번뇌가 소멸한 누진통으로 그는 욕망의 번뇌와 존재의 번뇌, 무명의 번뇌로부터 마음이 해탈합니다. 해탈했을 때 해탈했다는 지혜가 생겨나며, '태어남은 다했고 청정한 수행은 이미 다 이루어졌으며 해야 할 일은 다 마쳤기에 다시는 어떤 존재로도 돌아오지 않을 것이다.'라고 압니다. 이와 같이 알고 이와 같이 보는 그는 감각적 욕망의 번뇌[慾漏]로부터 마음이 해탈합니다. 존재의 번뇌[有漏]로부터 마음이 해탈합니다. 무명의 번뇌[無明漏]로부터 마음이 해탈합니다. 해탈했을 때 해탈했다는 지혜가 있습니다. '태어남은 다했다. 청정범행은 성취되었다. 할 일을 다 해 마쳤다. 다시는 어떤 존재로도 돌아오지 않을 것이다.'라고 꿰뚫어 압니다.

대왕이여, 이것도 스스로 보아 알 수 있는 출가 생활의 결실이니 앞에서 말한 출가 생활의 결실들보다 더 뛰어나고 더 수승한 것입니다."

_『디가 니까야』「사문과경」, 동국대학교 불교기록문화유산 아카이브(kabc.dongguk.edu)

있어서 즐거운 재가자와 없어서 즐거운 출가자

이 경은 소 치는 사람 다니야와 집을 떠난 붓다가 한 가지 경우를 출가와 재가가 어떻게 다른 관점으로 보고 있는지를 극명하게 알 수 있는 내용이다. 마히강 언덕에 사는 소 치는 사람 다니야는 대부호 집안에 태어나서 헤아릴 수 없이 많은 소를 지니고 있다. 그에게는 아주 많은 식솔과 하인들이 있으며 우기와 건기를 헤아려서 거처를 옮겨 다니는 생활을 하고 있다. 재가자로 볼 때는 성공한 사람이고 부를 누리며 행복하게 살아가는 모습이라 할 수 있다. 그런데 여기에 반해 부처님은 다니야가 지니고 있는 것을 단 하나도 가지고 있지 않은, 말 그대로 무소유의 몸이다. 극과 극이라고 할 수 있는 두 사람의 대화를 통해 출가의 행복을 강조하는 부처님 법문을 들어본다.

소 치는 다니야가 말했다.

"나는 이미 밥도 지었고, 우유도 짜 놓았고, 마히강변에서 가족과 함께 살고 있고, 내 움막은 지붕이 덮이고 불이 켜져 있으니 하늘이여, 비를 뿌리려거든 뿌리소서."

세존께서 답하셨다.

"분노하지 않아 마음의 황무지가 사라졌고, 마히강변에서 하룻밤을 지내면서 내 움막은 열리고 나의 불은 꺼져 버렸으니 하늘이여, 비를 뿌리려거든 뿌리소서.”

소 치는 다니야가 말했다.

“쇠파리들이나 모기들이 없고, 소들은 강 늪의 우거진 풀 위를 거닐며, 비가 와도 견디어 낼 것이니 하늘이여, 비를 뿌리려거든 뿌리소서.”

세존께서 답하셨다.

“내 뗏목은 이미 잘 엮여 있고 거센 흐름을 이기고 건너 피안에 이르렀으니, 이제는 뗏목이 소용없네. 하늘이여, 비를 뿌리려거든 뿌리소서.”

소 치는 다니야가 말했다.

“내 아내는 온순하고 탐욕스럽지 않아 오랜 세월 함께 살아도 내 마음에 들고 그녀에게 그 어떤 악이 있다는 말을 듣지 못하니 하늘이여, 비를 뿌리려거든 뿌리소서.”

세존께서 답하셨다.

“내 마음은 내게 온순하여 해탈하였고 오랜 세월 잘 닦이고 아주 잘 다스려져, 내게는 그 어떤 악도 찾아볼 수 없으니 하늘이여, 비를 뿌리려거든 뿌리소서.”

소 치는 다니야가 말했다.

“나 자신의 노동의 대가로 살아가고 건강한 나의 아이들과 함께 지내며 그들에게 그 어떤 악이 있다는 말을 듣지 못하니 하늘이여,

비를 뿌리려거든 뿌리소서."

세존께서 답하셨다.

"나는 누구에게도 대가를 바라지 않아 내가 얻은 것으로 온 누리를 유행하므로 대가를 바랄 이유가 없으니 하늘이여, 비를 뿌리려거든 뿌리소서."

소 치는 다니야가 말했다.

"다 자란 송아지도 있고, 젖먹이 송아지도 있고, 새끼 밴 어미 소와 성숙한 암소도 있고, 암소의 짝인 황소도 있으니 하늘이여, 비를 뿌리려거든 뿌리소서."

세존께서 답하셨다.

"다 자란 송아지도 없고, 젖먹이 송아지도 없고, 새끼 밴 어미 소와 성숙한 암소도 없고, 암소의 짝인 황소도 없으니 하늘이여, 비를 뿌리려거든 뿌리소서."

소 치는 다니야가 말했다.

"말뚝은 땅에 박혀 흔들리지 않고, 새 밧줄은 잘 꼬여 있어 젖을 먹는 어린 소가 끊을 수 없으니 하늘이여, 비를 뿌리려거든 뿌리소서."

세존께서 답하셨다.

"황소처럼 모든 속박을 끊고, 코끼리처럼 냄새나는 넝쿨을 짓밟아 나는 다시 모태에 들지 않을 것이니 하늘이여, 비를 뿌리려거든 비를 뿌리소서."

그때 골짜기와 언덕 가득히 비구름이 몰려와 세차게 비가 쏟아졌다. 빗소리를 듣고 소 치는 다니야가 말했다.

"우리는 거룩한 스승을 만나 얻은 바가 참으로 큽니다. 눈을 갖춘 님이시여, 당신께 귀의하오니 우리 스승이 되어 주소서. 위대한 성자시여, 아내와 저는 순종하면서 바른길로 잘 가신 님 곁에서 청정한 삶을 살겠으니 태어남과 죽음의 피안에 이르러 우리로 하여금 괴로움을 끝내게 하소서."

그때 이 대화를 듣고 있던 악마 빠삐만이 다시 말했다.

"자식이 있는 이는 자식으로 인해 기뻐하고, 소를 가진 이는 소로 인해 기뻐합니다. 집착의 대상으로 말미암아 사람에게 기쁨이 있으니, 집착이 없는 사람에게는 기쁨도 없습니다."

세존께서 답하셨다.

"자식이 있는 이는 자식으로 인해 슬퍼하고, 소를 가진 이는 소 때문에 슬퍼합니다. 집착의 대상으로 인해 사람에게 슬픔이 있으니, 집착이 없는 사람에게는 슬픔이 없습니다."

_『숫타니파타』「다니야경」, 전재성 역, 한국빠알리성전협회

작고 어려도 함부로 할 수 없는 네 가지

"아무리 작고 어리다 해도 함부로 여겨서는 안 되는 것에 네 가지가 있다.

첫째는 왕가의 자손 왕자요, 둘째는 용왕의 아들이요, 셋째는 작은 불씨요, 넷째는 비구이니 나이가 어리고 몸집이 작다 해서 함부로 여겨서는 안 된다."

_ 『잡아함경』 제46권 「삼보리경」, 동국대학교 불교기록문화유산 아카이브(kabc.dongguk.edu)

출가자 공동체는 바다와 같다

이와 같이 들었다.

어느 때 부처님께서는 사위국 기수급고독원에 계셨다.

그때 세존께서 모든 비구들에게 말씀하셨다.

"아누달(阿耨達) 샘에서 흘러나온 네 개의 강이 있다. 이른바 동쪽으로 흐르는 항가(恒伽, 갠지스강), 남쪽으로 흐르는 신두(新頭), 서쪽으로 흐르는 바차(婆叉), 북쪽으로 흐르는 사타(私陀)이다. 이 네 강이 바다로 흘러 들어 간 뒤에는 본래 지니고 있던 이름은 다 없어지고 그저 바다라고만 불린다.

그와 같이 여기에 네 가지 계급이 있다. 크샤트리아, 바라문, 바이샤, 수드라 계급이다. 그러나 그들 누구나 여래에게 나아가 수염과 머리를 깎고 세 가지 법의를 입고 출가하여 도를 배우면 본래 가지고 있던 성은 다 없어지고, 석가의 제자 사문이라고만 불리느니라. 왜냐하면 여래의 대중은 큰 바다와 같고 네 가지 진리는 네 개의 큰 강과 같아서 온갖 번뇌를 다 없애 버리고 두려움이 없는 열반의 성으로 들어가기 때문이니라.

그러므로 모든 비구들아, 저 네 계급의 사람들로서 수염과 머리를 깎고 견고한 믿음으로 출가하여 도를 배우게 되었다면 본래 지니고 있던 이름은 다 버리고 석가의 제자라고 스스로 일컬어라. 왜냐하면 나는 바로 석가의 아들로서 석가 종족 가운데서 출가하여 도를 배웠기 때문이니라.

비구들아, 마땅히 알아야 한다. 만일 누구의 아들로 태어났는가를 말하려고 한다면 당연히 석가 종족의 아들이라고 해야 옳을 것이다. 왜냐하면 태어나기를 나로 말미암아 태어났고, 법을 좇아 일어났으며, 법을 좇아 이루어졌기 때문이다. 그러므로 비구들아, 마땅히 방편을 구해 석가 종족의 아들이 되도록 해야 하느니라. 모든 비구들아, 꼭 이와 같이 공부해야 하느니라."

그때 모든 비구들은 부처님의 말씀을 듣고 기뻐하며 받들어 행하였다.

_『증일아함경』 제21권 「고락품」, 동국대학교 불교기록문화유산 아카이브(kabc.dongguk.edu)

출가하는 이유

어느 때 전타(栴陀)라고 하는 출가 외도가 있었다. 그는 존자 아난을 찾아가서 이렇게 물었다.

"무엇 때문에 고타마 사문에게 출가하여 청정한 수행을 닦습니까?"

아난이 대답했다.

"탐욕 · 성냄 · 어리석음을 끊기 위해, 그분께 출가하여 청정한 수행을 닦습니다."

전타가 다시 물었다.

"사문 고타마는 탐욕 · 성냄 · 어리석음을 끊는 방법을 잘 설명해 줄 수 있는 분입니까?"

아난이 대답하였다.

"저도 그 방법을 설명해 줄 수 있습니다."

전타가 또 물었다.

"당신은 탐욕 · 성냄 · 어리석음에서 어떤 허물과 걱정거리를 보았기에 그것을 끊어야 한다고 말합니까?"

아난이 대답하였다.

"탐욕에 물들어 집착하면 마음을 덮어 버리기 때문에, 혹은 자기를 해치기도 하고, 혹은 남을 해치기도 하며, 혹은 둘 다 한꺼번에 해치기도 합니다. 현세에서 죄를 받기도 하고, 후세에서 죄를 받기도 하며, 현세와 후세에서 모두 죄를 받기도 합니다. 그래서 그 마음은 언제나 근심하고 괴로워하는 감정을 가지게 됩니다. 또 탐욕은 세상을 밝게 보는 눈을 가리고 덮어서 보지 못하게 하며, 지혜를 없게 하고 지혜의 힘을 약하게 하며, 장애가 되나니, 그것은 밝은 것이 아니요, 평등한 깨달음도 아니며, 열반으로 향하지도 않습니다. 성냄과 어리석음도 그와 같습니다. 나는 탐욕 · 성냄 · 어리석음에서 이러한 허물과 걱정거리를 보았기 때문에 탐욕 · 성냄 · 어리석음을 끊어야 한다고 말하는 것입니다."

전타가 다시 물었다.

"당신은 탐욕 · 성냄 · 어리석음을 끊으면 어떤 복과 이익이 있음을 보았기에 그것을 끊어야 한다고 말합니까?"

아난이 대답하였다.

"탐욕을 끊고 나면 자기도 해치지 않고, 또 남도 해치지 않으며, 둘을 다 해치지도 않습니다. 또 현세에서도 죄를 받지 않고, 후세에서도 죄를 받지 않으며, 현세와 후세에서 모두 죄를 받지 않습니다.

그래서 그 마음은 언제나 기쁘고 즐거운 감정을 가지게 됩니다. 그리고 현세에서 항상 불꽃처럼 치성하게 타오르는 번뇌를 여의고 시절(時節)을 기다리지 않더라도, 현재법을 의지해 스스로 깨달아 지견(知見)을 얻게 됩니다. 성냄과 어리석음에 있어서도 그와 같습니다. 이런 공덕과 이익이 있기 때문에 탐욕 · 성냄 · 어리석음을 끊어야 한다고 내가 말한 것입니다."

전타가 또 물었다.

"존자 아난이시여, 어떤 길과 자취를 닦아 익히고, 더 많이 닦아 익혀야 탐욕 · 성냄 · 어리석음을 끊을 수 있습니까?"

아난이 대답하였다.

"여덟 가지 바른 길[八正道]을 닦아 익히면 되나니, 이른바 바른 견해, 바른 사유, 바른 말, 바른 행위, 바른 생계, 바른 정진, 바른 마음챙김, 바른 선정입니다."

전타 외도가 존자 아난에게 말했다.

"그것은 곧 성현의 길이며, 현명한 사람이 수행하는 자취이니, 그것을 닦아 익히고, 더 많이 닦아 익히면 탐욕 · 성냄 · 어리석음을 끊을 수 있을 것입니다."

그때 전타 외도는 존자 아난의 말을 듣고, 기뻐하면서 자리에서 일어나 떠나갔다.

_『잡아함경』 제35권 「전타경」, 동국대학교 불교기록문화유산 아카이브(kabc.dongguk.edu)

승가가 날로 발전하는 법

"나는 이제 너희들을 위하여 일곱 가지 불퇴법(不退法)을 연설하리라. 자세히 듣고 잘 기억하라."

그때 비구들이 부처님께 아뢰었다.

"예, 세존이시여. 기꺼이 듣기를 원하나이다."

부처님께서 모든 비구들에게 말씀하셨다.

"일곱 가지 불퇴법이란 무엇인가? 첫 번째는 자주 서로 모여 정의(正義)를 강론(講論)하면 곧 어른과 어린이들은 서로 화목하고 법(法)은 부술 수 없게 되는 것이요, 두 번째는 윗사람과 아랫사람이 화합하여 서로 공경하고 순종해 어기지 않으면 곧 어른과 어린이들은 서로 화목하고 법은 부술 수 없게 되는 것이다. 세 번째는 법을 받들고 금기할 바를 알며 그 제도(制度)를 어기지 않으면 곧 어른과 어린이들은 서로 화목하고 법은 부술 수 없게 되는 것이요, 네 번째는 대중을 보호할 능력이 있고 많은 지식을 가진 비구가 있을 경우, 마땅히 그를 공경하고 받든다면 어른과 어린이들은 서로 화목하고 법은 부술 수 없게 되는 것이다. 다섯 번째는 바른 생각을 잘 지켜 간직하고 효도와 공경을 으뜸으로 삼는다면 곧 어른과 어린이들은 서로 화목하고 법은 부술 수 없게 되는 것이요, 여섯 번째는 음욕을 여의고 깨끗한 행(行)만 닦으며 욕망을 따르지 않으면 곧 어른과 어린이들은 서로 화목하고 법은 부술 수 없게 되는 것이다. 일곱 번째는 남을 앞세우고 자신은 뒤로 돌리며 명예와 이익을 탐하지 않으면 곧 어른과 어린이는 서로 화목하고 법은 부술 수 없게 될 것이다."

부처님께서 다시 비구들에게 말씀하셨다.

"또 일곱 가지 법이 있느니라. 이것은 법을 더욱 자라게 하고 줄어들거나 닳아 없어지지 않게 하는 것이다. 첫 번째는 일이 적은 것을 좋아하고 일이 많은 것을 좋아하지 않으면 곧 법은 더욱 자라나 줄어들거나 닳아 없어지지 않을 것이요, 두 번째는 침묵하기를 좋아하고 많은 말을 좋아하지 않는 것이며, 세 번째는 잠을 적게 자고 혼매(昏昧)한 데에 빠지지 않는 것이요, 네 번째는 패거리를 만들어 쓸데없는 일로 언쟁하지 않는 것이다. 다섯 번째는 아무 덕(德)도 없으면서 스스로 자랑하지 않는 것이요, 여섯 번째는 악한 사람과 짝하지 않는 것이며, 일곱 번째는 산이나 숲속의 한적한 곳에서 혼자 있기를 좋아하는 것이다. 비구들이여, 이렇게 하면 법은 더욱 자라나 줄어들거나 닳아 없어지지 않을 것이다."

_『장아함경』「유행경」, 동국대학교 불교기록문화유산 아카이브(kabc.dongguk.edu)

네 종류의 사문

그때 주나는 대중의 공양이 끝난 것을 보고는 발우와 식기를 모두 거두었다. 손 씻을 물을 돌리고 나서는 곧 부처님 앞에서 게송으로 여쭈었다.

감히 여쭙니다. 크고 거룩한 지혜를 가지신 분이시고
바르게 깨달은 분, 두 가지를 갖추신 분이시며
마음을 잘 다루어 항복 받은 분이시여,
이 세상에는 몇 종류의 사문이 있습니까?

그때 세존께서 게송으로 대답하셨다.

그대가 질문한 사문에는
보통 네 종류가 있어
그들의 뜻과 취향이 각각 다르니
너는 그것을 분별해 알라.

첫 번째는 도를 행함이 특별히 뛰어난 이
두 번째는 도의 뜻을 잘 설명하는 이

세 번째는 도를 의지해 생활하는 이
네 번째는 도를 행하는 척, 더러움만 짓는 이이다.

어떤 것을 도가 특별히 뛰어나다고 하고
도의 뜻을 잘 설명한다고 하며
도를 의지해 생활한다고 하고
도를 행하는 척, 더러움만 짓는다 하는가.

능히 은혜와 사랑의 가시밭 건너
열반에 들되 의심이 없고
하늘과 사람의 길 훌쩍 벗어나면
이것을 도가 특별히 뛰어나다고 한다.

제일의 진리, 그 뜻을 잘 알아
도에는 더러움과 때 없음을 설명하고
어질고 자비스럽게 사람의 의심 풀어 주면
이것을 도를 잘 설명한다고 한다.

법의 글귀를 훌륭히 연설하고
도를 의지해 스스로 살아가며

더러움 없는 곳을 멀리 바라보면
이것을 도를 의지해 생활한다고 한다.

속으로는 간사하고 삿된 마음 품고서
겉으로만 청백한 듯 모양 꾸미며
거짓과 속임으로 성실하지 못하면
이것을 도를 행하는 척, 더러움만 짓는다고 한다.

어떤 사람은 대중을 거느리되
속은 흐리면서 겉은 깨끗해
간사한 흔적 당장은 가리지만
실제로는 방탕한 생각 품었느니라.

그러므로 얼핏 겉모양 보고
한눈에 곧 존경하고 친하지 말라.
간사한 자취 당장은 가리지만
실제로는 방탕한 생각 품었느니라.

_『장아함경』「유행경」, 동국대학교 불교기록문화유산 아카이브(kabc.dongguk.edu)

출가자의 두 가지 일

비구들이여, 너희는 출가한 사람이니 법을 논해야 하고 성현의 침묵도 버리지 않아야 한다. 왜냐하면 비구들은 한곳에 모이면 두 가지 일을 해야 하기 때문이다. 두 가지란 무엇인가? 첫째는 함께 법을 논하는 것이요, 둘째는 성현의 침묵이다. 너희들이 이 두 가지를 아울러 행한다면 마침내 안온을 얻고 때를 놓치지 않을 것이다.

_『증일아함경』 제34 「칠일품」, 동국대학교 불교기록문화유산 아카이브(kabc.dongguk.edu)

재가의 삶을 살지 마십시오

참으로 사람의 목숨은 짧으니 백 살도 못 되어 죽습니다.
아무리 더 산다 해도 결국은 늙어 죽는 것입니다.
내 것이라고 여겨 슬퍼하지만, 소유란 영원한 것이 아닙니다.
그것은 덧없는 것이라고 보고, 재가의 삶에 머물지 마십시오.
'이것이 내 것'이라고 생각하지만, 죽음으로 그것을 잃게 됩니다.
현명한 님은 이와 같이 알고
'내 것'이라는 것에 경도되지 말아야 합니다.

꿈속에서 만난 사람을 잠에서 깨어난 사람이 다시 볼 수 없듯
사랑하는 사람이 죽어 세상을 떠나면
다시는 그를 볼 수가 없습니다.
살아서 이름이 불리던 사람들은
눈으로 볼 수 있고 목소리로 들을 수 있지만
그들이 죽어 버린다면, 이름만이 남아 불릴 뿐입니다.
'내 것'이라는 것에 탐욕을 부리면
걱정과 슬픔과 인색함을 버리지 못합니다.
그러므로 안온을 보는 성자는
소유를 버리고 유행하는 것입니다.
홀로 명상하며 유행하는 수행승이라면
정신적으로 멀리 여읨을 좋아하고
자신을 존재의 영역에 드러내지 않는 것이
그에게 어울리는 일입니다.
성자의 삶을 사는 님은 어디에도 머물지 않고
결코 사랑하거나 미워하지 않습니다.
그래서 슬픔도 인색함도 연꽃잎 위의 물이 더럽히지 못하듯
그를 더럽히지 못합니다.
연꽃잎 위에 물방울이 묻지 않듯
연꽃잎 위의 물방울이 더럽혀지지 않듯

본 것이나 들은 것이나 인식한 것에
성자는 더럽혀지지 않습니다.
청정한 님은 본 것이나 들은 것이나 인식한 것으로
청정을 생각하지 않으며
다른 것에 의해서 청정을 원하지 않습니다.
그는 탐착하지 않고 탐착을 떠나지도 않기 때문입니다.

_『숫타니파타』「늙음의 경」, 전재성 역, 한국빠알리성전협회

출가자의 의무

부처님께서 기원정사에 머무실 때 승가에 어리석은 자로 인해 다툼이 벌어졌다. 부처님은 제자들을 꾸짖고 물러가게 하신 뒤에 다음 날 탁발에서 돌아와 다시 제자들을 불러모아서 간곡하게 출가자의 의무를 타이르시는 내용이다.

출가한 사람은 마음을 낮추고 겸손하게 생활해야 한다. 머리를 깎고 발우를 가지고 집집마다 걸식하며 혹 천대를 받기도 한다. 그래도 그렇게 생활하는 까닭은 훌륭한 이치를 구하기 위해서이고, 태어남 · 늙음 ·

병듦 · 죽음 · 근심 · 슬픔 · 번민 · 괴로움을 건너 괴로움을 완전히 벗어나기 위해서이다.

모든 선남자들아, 너희는 왕이나 도적이 시켜서 출가한 것도 아니요, 빚을 져서 빚쟁이가 두려워서 출가한 것도 아니요, 생활이 궁해서 출가한 것도 아니다. 바로 태어남 · 늙음 · 병듦 · 죽음 · 근심 · 슬픔 · 번민 · 괴로움을 해탈하기 위해서이니, 너희는 이것 때문에 출가한 것이 아니던가?

너희 비구들은 이와 같이 훌륭한 이치를 위해 출가하였는데, 어떻게 그중에 아직도 어리석은 범부가 있어, 탐욕을 일으키고 몹시 물들어 집착하며, 성내고 사나우며, 게으르고 못나서 바른 기억을 잃어 안정되지 못하고, 모든 감관(感官)을 어지럽게 하느냐?

비유하면 어떤 사람이 어둠에서 다시 어둠 속으로 들어가고, 컴컴한 곳에서 다시 컴컴한 곳으로 들어가며, 뒷간에서 나왔다가 다시 뒷간에 떨어지고, 피로써 피를 씻으며, 모든 악(惡)을 버리고 떠났다가 도로 악을 취하는 경우와 같다. 내가 이 비유를 들어 말한 것은 어리석은 비구도 또한 이와 같기 때문이다.

또 비유하면, 시체를 태우는 장작은 화장터에 버려져도 나무하는 사람이 주워 가지 않는 것과 같다. 내가 이 비유를 들어 말하였는데도, 어리석은 범부 같은 비구는 탐욕을 일으키고 몹시 물들고 그것에 집착하며, 성내고 사나우며, 게으르고 못나서, 바른 기억을 잃어 안정되지 못하고, 모든 감관을 어지럽게 하니 그가 이 어리석은 자와 무엇이 다르겠는가?

_『잡아함경』 제10 「272. 책제상경」, 동국대학교 불교기록문화유산 아카이브(kabc.dongguk.edu)

승가의 분열과 화합

이것은 참으로 세존께서 말씀하신 것이니 아라한께서 말씀하신 것을 이처럼 저는 들었습니다.

"비구들이여, 한 가지 법이 세상에서 일어나면 많은 사람에게 이익이 되지 못하고 많은 사람에게 행복이 되지 못하고 많은 신과 사람들에게 손실과 손해와 괴로움을 가져온다. 무엇이 한 가지 법인가?

승가의 분열이다.

비구들이여, 승가가 분열되면 서로서로 논쟁이 있고 서로서로 비난이 있고 서로서로 담을 쌓고 서로서로 버리게 된다. 거기에서 청정한 믿음이 없는 자들은 믿음을 잃게 되고 청정한 믿음이 있는 자들 가운데 일부는 믿음이 변해 버린다."

이러한 뜻을 세존께서는 말씀하셨습니다.

승가를 분열시키는 자는
악처에 떨어지고 지옥에 떨어지고
겁이 다하도록 지옥에 머문다.
불화를 좋아하고 비법(非法)에 굳게 서며
유가안온(瑜伽安穩)으로부터 떨어져
화합하는 승가를 분열시키고서는
일 겁 동안 지옥에서 고통받는다.

이러한 뜻 또한 세존께서 말씀하셨으니 이처럼 저는 들었습니다.

_『이따웃따까』「승가의 분열경」, 각묵 스님 역, 초기불전연구원

이것은 참으로 세존께서 말씀하신 것이니 아라한께서 말씀하신 것을 이처럼 저는 들었습니다.

비구들이여, 한 가지 법이 세상에서 일어나면 많은 사람에게 이익이 되고 많은 사람에게 행복이 되고 많은 신과 사람들에게 이로움과 이익과 행복을 가져온다. 무엇이 한 가지 법인가?

승가의 화합이다.

비구들이여, 승가가 화합되면 서로서로 논쟁이 없고 서로서로 비난하지 않고 서로서로 담을 쌓지 않고 서로서로 버리지 않게 된다. 거기에서 청정한 믿음이 없는 자들은 믿음을 가지게 되고 청정

한 믿음이 있는 자들은 믿음이 더욱 증장하게 된다.

이러한 뜻을 세존께서는 말씀하셨습니다.

승가의 화합은 행복이로다.
화합하는 자들을 돕는 자는
화합을 기뻐하고 법에 확고하고
유가안온으로부터 멀어지지 않는다.
승가의 화합을 도모하고는
일 겁 동안 천상에서 즐거워한다.

이러한 뜻 또한 세존께서 말씀하셨으니 이처럼 저는 들었습니다.

_『이따웃따까』「승가의 화합경」, 각묵 스님 역, 초기불전연구원

출가자는 서로를 이해하고 용서해야 한다

코삼비국 비구들 사이에 격렬한 갈등이 일어나자 부처님께서 그들에게 화해를 권하셨다. 부처님의 화해를 받아들이지 않자 세속의 권력을 쥔 왕들도 서로가 살기 위해 서로 용서하고 원한을 길게 가지 않았던

옛날 일을 들려주며 승가의 정신은 화합임을 강조하는 내용이다.

이와 같이 들었다.

어느 때 부처님께서는 코삼비국에 계셨다.

그때 거기에는 한 비구가 있었는데 그는 항상 싸우기를 좋아하여 온갖 악행을 저지르고 얼굴을 맞닥뜨리고 말을 하며, 때로는 칼이나 몽둥이를 휘두르기도 하였다.

그때 세존께서 이른 아침에 그 비구의 처소에 가셔서 말씀하셨다.

"부디 싸우지 말고 서로 시비하지 말라. 모든 비구들은 마땅히 서로 화합해야 한다. 한 스승을 섬기는 제자들로서 물과 젖처럼 그래야 하거늘 왜 그렇게 서로 싸우느냐?"

그 비구가 세존께 아뢰었다.

"세존께서는 그런 일에 대해서는 걱정하지 마십시오. 저도 지금 그런 이치를 스스로 생각하고 지나온 일들에 대하여 저의 허물이 있음을 잘 알고 있습니다."

세존께서 말씀하셨다.

"어떠냐? 너희는 임금을 위해 도를 닦느냐, 아니면 그 누구를 두려워하여 도를 닦느냐, 그도 아니면 세상이 험하기 때문에 도를 닦느냐?"

모든 비구들이 대답하였다.

“아닙니다, 세존이시여.”

세존께서 말씀하셨다.

“어떠한가? 비구들아, 너희들은 나고 죽음을 여의고 싶고 함이 없는 도[無爲道]를 구하고자 그 도를 닦는 것이 아닌가? 오온으로 이루어진 몸은 진실로 영원히 보전하기가 어렵기에 닦는 것이 아닌가? 이제부터는 도를 닦으면서 서로 싸우지 말아야 한다. 주먹으로 서로 가격하지도 말고 얼굴을 맞닥뜨리고 시비하지도 말며, 서로 대하여 욕설도 하지 말라. 너희들은 마땅히 이런 행을 성취하여 같은 스승에게서 함께 나란히 법을 배워야 한다. 또한 반드시 이 법을 실천하고 몸과 입과 뜻으로도 이 행을 실천하고 온갖 청정하게 수행하는 이를 공양해야 하느니라.”

모든 비구들이 대답하였다.

“그것은 저희들의 일입니다. 세존께서는 이 일에 대하여 걱정하지 마십시오.”

그때 세존께서 구심 비구에게 말씀하셨다.

“이 어리석은 사람들아, ‘여래께서는 이 일에 대하여 걱정하지 마십시오’라고 말하다니, 너희는 왜 여래의 말을 듣지 않느냐. 너희는 스스로 그 삿된 소견의 과보를 받게 될 것이다.”

그때 세존께서 그 비구에게 아주 오래전 브라흐마닷따왕이 이웃 나라 디기띠왕의 국토를 빼앗았던 일화를 들려주셨다. (중략)

디기띠왕의 아들 디가부는 아버지를 죽인 브라흐마닷따왕에게 원한을 갚으려다 그만두고 오히려 용서와 화해를 구하면서 이렇게 말하였다.

"대왕이시여, 잘 들으십시오. 부왕께서 임종하실 때에 저에게 말하기를 '너는 남의 장점도 보지 말고, 또 남의 단점도 보지 말아라.' 라고 하셨고, 또 '원한을 원한으로 갚으면 그 원한은 쉬지 않는다. 이 법은 옛날부터 있어 왔던 것이다. 원한을 없애면 원한을 이긴다. 이 법은 영원히 변치 않는 것이다.'라고 말씀하셨습니다."

그러자 브라흐마닷따왕도 디가부에게 자신의 죄를 진심으로 참회하고 나라를 되돌려 주고 자신의 딸을 그의 아내로 삼게 하였으며 스스로는 본국으로 돌아갔다.

"비구들아, 마땅히 알아야 한다. 옛날의 모든 왕들에게는 이런 법이 있어서, 비록 나라를 두고 다투는 일이 있었어도 서로 참고 견디며 해치는 일이 없었다. 그런데 하물며 너희 비구들은 견고한 믿음으로 출가하여 도를 배우면서, 탐욕 · 성냄 · 어리석은 마음을 버려야 하겠거늘, 이제 다시 서로 다투어 화순(和順)하지 않고 저마다 서로 참을 줄 모르며 참회하여 고치지 않는구나.

비구들아, 너희들은 마땅히 이런 이치를 보고 싸움이란 옳지 못한 것임을 알아야 한다. 동일한 스승의 제자요, 물과 우유처럼 똑

같은 처지이다. 부디 서로 싸우지 말라."

그때 세존께서 곧 이런 게송을 말씀하셨다.

싸움이 없고 다툼이 없이
자애로운 마음으로 중생들을 가엾이 여겨
일체중생을 괴롭히지 않는 것을
모든 부처님께서 칭찬하신다.

"그러므로 모든 비구들아, 마땅히 인욕(忍辱)을 수행하도록 하라. 꼭 이와 같이 공부해야 하느니라."

_『증일아함경』 제16권 「고당품」, 동국대학교 불교기록문화유산 아카이브(kabc.dongguk.edu)

출가가 즐거운 밧디야 존자

이와 같이 나는 들었다.

한때 세존께서는 아누삐야의 망고 숲에 머무셨다. 그때 깔리고다의 아들 밧디야 존자가 숲에 들어가서도 나무 아래에 가서도 빈집에 가서도 끊임없이 '아, 행복하다. 아, 행복하다.'라고 우러나온 말(감흥어)을 읊었다.

그때 많은 비구들이 이 모습을 보고 생각했다.

'이 깔리고다의 아들 밧디야 존자는 청정한 수행을 닦는 것에 아무런 기쁨을 느끼지 못하고 있음에 틀림없다. 그러기에 그는 출가하기 전 왕으로 살면서 누렸던 즐거움을 회상하면서 숲에 들어가서도 나무 아래에 가서도 빈집에 가서도 끊임없이 「아, 행복하다. 아, 행복하다.」라고 우러나온 말을 읊는 것이다.'

그때 많은 비구들이 세존에게 나아가 이렇게 말씀드렸다.

"세존이시여, 깔리고다의 아들 밧디야 존자가 숲에 들어가서도 나무 아래에 가서도 빈집에 가서도 끊임없이 '아, 행복하다. 아, 행복하다.'라고 우러나온 말을 읊습니다. 의심할 여지 없이 이 깔리고다의 아들 밧디야 존자는 아무런 기쁨 없이 청정범행을 닦고 있습니다. 그는 자기가 출가하기 전 왕의 즐거움을 회상하면서 숲에 들어가서도 나무 아래에 가서도 빈집에 가서도 끊임없이 '아, 행복하다. 아, 행복하다.'라고 우러나온 말을 읊는 것입니다."

그러자 세존께서 밧디야 존자를 부르신 뒤 물으셨다.

"밧디야여, 그대가 숲에 들어가서도 나무 아래에 가서도 빈집에 가서도 끊임없이 '아, 행복하다. 아, 행복하다.'라고 우러나온 말을 읊는다는 것이 사실인가?"

"그렇습니다. 세존이시여."

"밧디야여, 그대는 무슨 이익을 보았기에 그렇게 하였는가?"

"세존이시여, 제가 출가하기 전에 왕국을 통치할 때에는 내전의 안에도 호위가 잘 마련되어 있었고 내전 밖에도 호위가 잘 마련되어 있었으며 도시의 안과 밖도 호위가 잘 마련되어 있었으며 지방의 안팎에도 호위가 잘 마련되어 있었습니다. 저는 이와 같이 호위되고 보호되어 있었지만 두렵고 동요하고 믿지 못하고 무서워하며 지냈습니다. 세존이시여, 그러나 요즈음 저는 숲에 들어가서도 나무 아래에 가서도 빈집에 가서도 혼자이지만 두려워하지 않고 동요하지 않고 믿지 못하지 않고 무서워하지 않으며 담담하고 차분하고 다른 사람의 시주물로만 살고 사슴과 같은 마음으로 머뭅니다. 세존이시여, 저는 이러한 이익을 보면서 숲에 들어가서도 나무 아래에 가서도 빈집에 가서도 끊임없이 '아, 행복하다. 아, 행복하다.'라고 우러나온 말을 읊습니다."

그때 세존께서는 이 의미를 아시고 이렇게 우러나온 말씀을 읊으셨다.

그의 내면에 분노가 없고
이런저런 것을 건넜으며
두려움이 없고 행복하고 슬픔 없는 그를
신들도 볼 수가 없도다.

_『우다나』「무짤린다품」, 각묵 스님 역, 초기불전연구원

그대의 출가는 왜 이렇게 늦었는가

이와 같이 나는 들었다. 한때 세존께서 사왓티에서 제따 숲 아나타삔디까 원림(급고독원)에 머무셨다. 그때 마하깟짜나 존자가 아완띠에서 꾸라라가라의 빠왓따 산에 머물렀다. 그 무렵 소나 꾸띠깐나 청신사가 마하깟짜나 존자의 시자로 있었다.

그때 소나 꾸띠깐나 청신사가 한적한 곳에 가서 홀로 앉아 명상하던 중에 이런 생각이 떠올랐다.

'마하깟짜나 존자께서 법을 설하시는 것과 같이 재가에 살면서 더할 나위 없이 완벽하고 지극히 청정한 소라고둥처럼 빛나는 청정범행을 실천하기란 쉽지 않다. 그러니 나는 이제 머리와 수염을 깎고 물들인 옷을 입고 집을 떠나 출가하리라.'

그때 소나 꾸띠깐나 청신사는 마하깟짜나 존자에게 다가갔다. 절을 올리고 한 곁에 앉아서 자신의 생각을 고하며 이렇게 청하였다.

"존자시여, 제가 출가하도록 해 주십시오."

그러자 마하깟짜나 존자는 소나 청신사에게 말했다.

"소나여, 죽을 때까지 하루에 한 끼만 먹고 혼자 잠자는 청정범행을 행하기란 어렵다. 소나여, 그러니 그대는 재가자로서 부처님들의 교법에 헌신해라. 하루에 한 끼만 먹고 혼자 잠자는 청정범행은 한시적으로 적용시켜라."

그러자 소나 청신사의 출가에 대한 의도는 가라앉아 버렸다.

두 번째로, 세 번째로 소나 청신가 청했다.

"존자시여, 제가 출가하도록 해 주십시오."

그때 마하깟짜나 존자는 소나 청신사를 출가시켰다. 그 무렵 아완띠 남쪽 지역에는 비구가 적었다. 그래서 마하깟짜나 존자는 3년이 지나서야 겨우 어렵게 이곳저곳에서 10명의 무리로 된 비구 승가를 모아서 소나 존자에게 구족계를 받게 하였다.

그때 안거를 마친 소나 존자가 한적한 곳에 가서 홀로 앉아 명상하던 중에 이런 생각이 떠올랐다.

'나는 세존을 직접 뵌 적이 없다. 그저 세존께서는 이러저러하다고 들었을 뿐이다. 은사스님께서 허락하신다면 나는 세존 아라한 정등각을 뵈러 가리라.'

소나 존자는 해거름에 낮 동안의 홀로 앉음에서 일어나 마하깟짜나 존자에게 다가갔다. 가서는 절을 올리고 한 곁에 앉아서 자신의 생각을 고하였다.

그러자 마하깟짜나 존자가 말했다.

"장하고 장하구나. 소나여, 그대는 세존 아라한 정등각을 친견하러 가거라. 그대는 청정한 믿음을 내게 하시고 믿음을 주시고 감각 기능들이 고요하시고 마음도 고요하시고 최상의 제어를 통한 최상의 사마타에 드셨으며 제어되었고 보호되었고 감각 기능들이 고요하고 용이신 세존을 뵙게 될 것이다. 그분을 뵙고는 내 이름으로 세존의 발에 머리를 조아리고, '세존이시여, 저의 은사이신 마하깟짜나 존자가 세존의 발에 머리 조아려 절을 올립니다. 그리고 병은 없으신지 어려움은 없으신지, 가볍고 힘 있고 편안하게 머무시는지 문안을 여쭙니다.'라고 세존께 문안드려라."

"그렇게 하겠습니다. 존자시여."

소나 존자는 마하깟짜나 존자의 말을 좋아하고 감사드리면서 자리에서 일어나 사왓티 제타숲 아나타삔디카 원림으로 떠났다. 그곳에 도착하여 세존을 뵈러 갔다. 뵈러 가서 세존께 절을 올리고 한 곁에 앉았다. 한 곁에 앉아서 소나 존자는 이렇게 말씀드렸다.

"세존이시여, 저의 은사이신 마하깟짜나 존자가 세존의 발에 머리 조아려 절을 올립니다. 병은 없으신지 어려움은 없으신지, 가볍고 힘 있고 편안하게 머무시는지 문안을 여쭙니다."

"비구여, 견딜 만한가? 지낼 만한가? 길을 오는 데 힘들지는 않았는가? 탁발하는 데 어려움은 없었는가?"

"견딜 만하였습니다, 세존이시여. 지낼만 하였습니다, 세존이시여. 제가 길을 오는 데 힘들지 않았습니다. 탁발하는 데 어려움은 없었습니다."

그때 세존께서는 아난다 존자를 불러서 말씀하셨다.

“아난다여, 이 방문객 비구의 거처를 정해 주어라.”

아난다 존자가 생각했다.

‘세존께서 이렇게 말씀하실 때는 그 비구와 독대하기를 원하시는 경우인데, 지금 세존께서는 소나 존자와 함께 머물기를 원하고 계시는구나.’

그는 세존께서 머무시는 그 승원에 소나 존자의 거처를 정하였다.

그때 세존께서는 밤의 대부분을 노지에 앉아서 보내신 뒤 발을 씻고 승원으로 들어가셨다. 소나 존자도 밤의 대부분을 노지에 앉아서 보낸 뒤 발을 씻고 승원으로 들어갔다. 그때 세존께서는 새벽녘에 일어나서 소나 존자에게 명하셨다.

“비구여, 그대가 배운 대로 법을 외워 보아라.”

“그렇게 하겠습니다, 세존이시여.”

소나 존자는 『숫타니파타』 제4품의 여덟 편으로 된 게송 16절을 모두 음조에 맞추어 암송하였다. 그때 세존께서는 소나 존자의 음조에 맞춘 암송이 끝나자 크게 기뻐하셨다.

“장하고 장하구나. 비구여, 그대는 여덟 편으로 된 게송 16절을 잘 파악하고 잘 마음에 잡도리하고 잘 호지하였구나. 그대는 선한 말씨를 가졌고 명확하고 흠이 없고 뜻을 바르게 전달하는 언변을 구족하였구나. 비구여, 그대는 몇 안거를 하였는가?”

“세존이시여, 저는 한 번의 안거를 하였습니다.”

"비구여, 그대는 왜 이처럼 늦었는가?"

"세존이시여, 저는 오랫동안 감각적 쾌락에서 위험을 보아 왔습니다. 그런데도 재가의 삶이란 번잡하고 해야 할 일이 많고 바빴기 때문입니다."

그때 세존께서는 이 의미를 아시고 그 즉시 바로 이 우러나온 말씀(우다나, 감흥어)을 읊으셨다.

세상에 대해서 위험을 보고
재생의 근거가 없는 법을 알아서
성자는 사악함에서 노닐지 않노라.
청정한 자는 사악함에서 노닐지 않노라.

_『우다나』「소나품」, 각묵 스님 역, 초기불전연구원

대승 경전 속 출가 이야기

다른 이의 출가를 막지 말라

이때 아난이 합장하고 부처님께 여쭈었다.

"세존이시여, 만일 오는 세상[當來]에 어떤 사람이 사람을 놓아서 출가하게 하거나, 만일 출가하는 사람이 필요로 하는 것들을 모두 마음대로 하여 주면 얼마나 되는 복을 받습니까? 만일 또 어떤 이가 다른 사람의 출가하는 인연을 헐거나 파괴하면 어떠한 죄의 과보를 받습니까? 바라건대 세존이시여, 구족하게 일러 주십시오."

부처님께서 아난에게 말씀하셨다.

"네가 만일 백 년이 넘도록 나에게 이 일을 묻고, 나는 다함없는 지혜로써 공양할 때만을 제외하고 백 년이 넘도록 널리 너에게 이 사람의 공덕을 말할지라도 오히려 다하지 못할 것이니, 이 사람은 항상 천상과 인간에 태어나되 언제나 국왕이 되거나 천인의 쾌락을 받을 것이다. 만일 어떤 이가 이 사문(沙門)의 법 가운데로 사람을 출가하게 하거나, 만일 출가할 인연을 주선하고 도우면 생사하는 동안 언제나 쾌락을 받을 것이니, 백 년을 두고 그 복덕을 말할지라도 다할 수 없을 것이다. 그러므로 아난아, 너는 백 세가 넘어 수명이 다하도록 나에게 묻고, 나는 열반에 이르도록 이 공덕을 말할지라도 또한 다하지 못할 것이다.

만일 또 어떤 사람이 다른 사람의 출가할 인연을 깨뜨리면, 이는 그 사람의 다함 없는 선(善)의 재산과 복의 창고를 겁탈하는 것이며, 37조도품의 법과 열반의 인(因)을 파괴하는 것이니, 어떤 이가 남의 출가할 인연을 파괴하고자 하면 반드시 이러한 일을 잘 관찰해야 한다.

_『불설출가공덕경』, 동국대학교 불교기록문화유산 아카이브(kabc.dongguk.edu)

진정한 출가란 무엇인가

온 세상 모든 집은 한량없는 번뇌의 불을 내어 탐하는 마음을 일으켜서 항상 만족함을 알지 못하니, 세간의 재물과 보배는 풀과 나무 같고 탐하는 마음은 세간의 집과 같은 것이다. 이런 인연으로 일체의 모든 부처님이 삼계를 화택(火宅)이라 말씀하신 것이다. 선남자여, 출가한 보살은 이러한 것을 관찰해서 세간을 싫증 내어 떠났으므로 참 출가라 하는 것이다.

_『대승본생심지관경』, 동국대학교 불교기록문화유산 아카이브(kabc.dongguk.edu)

재가의 어려움

무엇 때문에 재가(在家)라 하는가? 온갖 선의 근본을 끊나니 이것을 재가라 한다. 온갖 불선(不善)한 번뇌에 살고 온갖 불선한 생각에 살며 온갖 불선한 행에 살고 항상 선량하지 못하고 고요하지 못하며 법이 없음과 더불어 일심을 없게 하고 사나운 악인들과 함께 모이나니 이것을 재가라 한다. 그러므로 악마가 그 틈을 엿보나니 이것을 재가라 한다. 탐욕과 분노와 어리석음에 살고 온갖 번뇌의 괴로운 법과 세속의 잡일에 사니 이것을 재가라 한다. 이런 가운데 살면서 하지 않아야 할 일을 경솔하게 하며 부모와 어른 · 수행자를 존경하지 않나니 이것을 재가라 한다. 애욕을 즐기고 근심하고 힘들어하며 온갖 마음에 맞지 않는 일에 눈물을 흘리니 이것을 재가라 한다. 감옥과 싸움과 불화와 소송과 욕설을 가지고 있나니 이것을 재가라 한다. 선을 쌓지 못하고 공덕의 근본을 파괴하며 하지 않아야 할 일을 함부로 하여 모든 부처님과 성현들의 칭찬을 받지 못하나니 이것을 재가라 한다.

재가는 탐욕이 많고 모든 악과 근심이 끊이지 않는다. 사랑과 은애로 함께 사는 재가의 모임은 독이 섞인 맛난 음식과 같다. 재가는 방해가 많아 성현의 바른 가르침을 폐한다. 재가는 항상 다툼이 있고 재가는 탐욕이 많아 부와 명예를 좇으며 선악의 온갖 일을 한다. 재가는 덧없는 것이어서 오래가지 못하는 무너지는 법이다. 재가는 수고롭게 항상 구함이 있고 모든 소유를 탐한다. 재가는 항상 악심이 있으므로 칼과 막대기를 쓰는 것이 원수와 같다. 재가에 사는 수행자는 재가의 더러움을 알아야 한다.

_『욱가라월문보살행경』, 동국대학교 불교기록문화유산 아카이브(kabc.dongguk.edu)

부처님께 출가의 인연을 구하라

예전에 나는 이와 같이 들었다.

어떤 사람이 발심해서 출가하려고 승방(僧坊)으로 나아갔으나, 마침 부처님께서는 승방에 계시지 않았다. 저 사람은 생각하기를, '법의 대장인 사리불에게 나아가리라.' 하였다.

그때 사리불은 저 사람의 인연을 관하여 과거세 때에 조금이라도 악을 싫어하여 선근을 닦은 적이 있는지 없는지를 관찰해 보았으나 조그마한 선근도 보이지 않았을뿐더러 그 한 생의 몸에만 그런 것이 아니고, 백천 생의 몸에도 도무지 선근이 없었다. 다시 1겁(劫)을 관하여도 선근이 없었고, 나아가 백천 겁에도 또한 선근이 없었다.

존자 사리불이 저 사람에게 말하였다.

"나로서는 그대를 제도할 수 없네."

저 사람이 다시 다른 비구들에게로 가니, 그들이 말했다.

"사리불이 제도해 주려고 하지 않았다면 우리가 어떻게 그대를 제도할 수 있겠는가?"

이와 같이 여러 비구들에게 돌아다녔으나 아무도 그를 출가시키려 하지 않자 그는 승방 앞에서 눈물을 흘리면서 말하였다.

"내가 얼마나 박복하기에 제도해 줄 이가 없을까? 어떤 계급의 사람이라도 모두 다 출가할 수 있거늘 나는 무슨 나쁜 짓을 저질렀기에 제도를 받지 못한단 말인가. 아무도 나를 출가시켜 주지 않는다면 죽는 게 나을 것이다."

그때 세존께서 자비하신 마음으로 승방 문 앞에 이르셔서 울고 있는 그를 보았다. 세존께서는 마치 활짝 핀 꽃처럼 맑고 깨끗하여 때가 없으며, 손에는 광명이 치성하고 손바닥에는 수레바퀴 무늬와 그물 같은 갈퀴가 있는 신묘한 손으로 저 사람의 머리를 어루만지시며 말씀하셨다.

"너는 무엇 때문에 울고 있느냐?"

저 사람이 흐느끼며 아뢰었다.

"제가 출가하려 했으나 모든 비구들이 다 허락하지 않았기 때문입니다."

세존께서 물으셨다.

"모든 비구들이 허락하지 않다니, 그 누가 너의 출가를 막아 허락하지 않았단 말이냐?"

"진리의 장군이고 비구들 가운데 지혜가 제일인 사리불 존자께서 저의 출가를 허락하지 않았습니다."

그러자 세존께서 깊고도 먼 우레 같은 음성으로 저 사람을 위로해 말씀하셨다.

"이는 사리불의 지혜의 힘으로 미칠 수 있는 것이 아니다. 나는 셀 수 없이 오랜 겁(劫) 동안 행하기 어려운 고행을 행하여 지혜를 닦아 익혔기에 이제 너를 제도해 줄 수 있다. 내가 이제 너에게 우리 불법에 따라 출가하도록 허락해 주겠다. 내가 법의 가게[法肆]에서 너같이 믿고 즐거워하는 사람을 사들이는 것은 법대로 교화하고 제도해서 때를 잃어버리지 않도록 하려는 것이다."

그러고는 그 부드럽고도 미묘하며 수레바퀴 무늬가 있는 손으로 저 사람의 팔을 당겨 승방으로 들어가셨다.

부처님께서 대중들 앞에서 사리불에게 말씀하셨다.

"무엇 때문에 이 사람의 출가를 허락하지 않았느냐?"

사리불이 부처님께 아뢰었다.

"세존이시여, 저는 저 사람의 미세한 선근도 보지 못했습니다."

부처님께서 곧바로 사리불에게 말씀하셨다.

"그런 말은 하지 말아라."

그러고는 다음과 같은 게를 설하셨다.

내가 이 사람의 선근을 관찰하건대
너무나도 미세하여
마치 저 산의 돌이나 모래를
녹여야만 금이 나오는 것과 같도다.

선정과 지혜는

풀무에 달린 가죽 주머니 같으므로
내가 공력(功力)으로 불어 댄다면
반드시 진짜 금이 나올 것이니
이 사람도 또한 그러하여
미세한 선근이 저 금과 같으니라.

그때 존자 사리불이 세존께 그의 인연을 여쭙자 답하셨다.

"너는 이제 자세히 들어라. 너를 위해 말하여 주리라. 저 사람의 선근은 너무나도 미세하기 때문에 벽지불이 볼 수 있는 경계가 아니다. 지난 과거세에 어떤 가난한 사람이 산에 들어가 땔나무를 하다가 호랑이에게 쫓겨 겁이 났기 때문에 '나무불(南無佛)'을 불렀으니, 이 종자로 말미암아서 해탈의 인연을 얻은 것이다."

곧 게를 설하셨다.

'나무불'을 일컬은 이 인연만 본다면
지극히 미세하다 하겠지만
이것으로 인하여 괴로움을 끝내니
이 또한 장한 일이라 하겠네.

지극한 마음으로 부처님께 귀의한다면

반드시 해탈을 얻을 것이니
이러한 비슷한 과보를 얻는 것도
별로 따를 이가 없다네.

그때 바가바(婆伽婆)께서 곧바로 저 사람을 제도하여 출가하게 하시고, 부처님께서 몸소 교화를 베푸시니, 저 비구가 마음으로 깨달아 아라한(阿羅漢)의 과위를 얻었다. 이러한 인연으로 미루어 보더라도 세존께 적은 선근을 심은 것도 한량없는 과보를 얻거늘 하물며 불상이나 탑묘를 세우는 것이겠는가.

_『대장엄론경』 제10권, 동국대학교 불교기록문화유산 아카이브(kabc.dongguk.edu)

출가의 공덕과 이익

부처님께서 라훌라에게 말씀하셨다.
"그대가 유마힐을 찾아가 문병을 하도록 하라."
라훌라가 부처님께 말씀드렸다.
"세존이시여, 저도 그를 찾아가 문병하는 일을 감당할 수 없습니다. 왜냐하면 생각해 보니, 예전에 바이샬리성의 여러 장자의 아들들이 저를 찾아와 물었습니다.

'라훌라여, 당신은 부처님의 아들로서 전륜왕(轉輪王)의 지위를 버리고 깨달음을 위하여 출가하셨으니, 그 출가에는 어떠한 이익이 있습니까?'

그래서 저는 여법하게 출가의 공덕과 이익에 대해 말을 하려고 하는데, 그때 유마힐이 와서 저에게 말하였습니다.

'라훌라여, 출가의 공덕이나 이익에 대해 말해서는 안 됩니다. 왜냐하면 아무런 이익도 공덕도 없는 것이 출가이기 때문입니다. 유위법(有爲法)이라면 이익이나 공덕이 있다 할 수 있겠지만, 출가는 무위법(無爲法)을 구하는 것으로서 무위법에는 이익이나 공덕이 없습니다. 라훌라여, 출가에는 깨달음[彼]도 미혹[此]도 없고 그 중간도 없습니다. 세속의 그릇된 견해를 멀리 떠나 열반(涅槃)에 머무는 것이니 지혜로운 이가 누리는 것이며, 성인이 닦는 길인 것입니다.

온갖 마군을 항복시켜 윤회의 오도(五道)를 넘어서 오안(五眼)을 맑게 하고, 오력(五力)을 얻었고, 오근(五根)을 바르게 세워 그 어떤 것으로부터 괴롭힘을 당하지 않고, 온갖 잡다한 악을 떠나고 모든 외도들을 꺾었으며, 가명(假名)에 집착하지 않으며, 애욕의 진흙탕을 벗어나 온갖 속박을 벗어났으며, 내 것이라는 집착이 없고, 집착하는 마음[所受]도 없고, 마음의 혼란이 없고, 안으로 늘 기쁨을 간직하고 중생들의 마음을 지켜 주며, 선정(禪定)을 따르며 온갖 잘못

을 다 떠나 버립니다. 만약 이렇게 한다면 이것이 참다운 출가인 것입니다.'

이때 유마힐은 장자의 아들에게 말했습니다.

'그대들은 정법(正法)을 받아들여 함께 출가해야 할 것입니다. 왜냐하면, 부처님께서 이 세상에 계시는 기회를 만나기란 매우 어렵기 때문입니다.'

장자의 아들들은 말하였습니다.

'유마 거사님, 저희가 듣기에는 부모님의 허락이 없으면 출가할 수 없다고 부처님께서 말씀하셨다고 합니다만….'

그러자 유마힐이 말하였습니다.

'그렇지요. 그러나 그대들이 지금 곧 아뇩다라삼먁삼보리심을 일으킨다면, 그것이 곧 출가입니다. 그때 서른두 명의 장자의 아들은 한결같이 아뇩다라삼먁삼보리심을 일으켰습니다. 그러므로 저는 그를 찾아가 문병하는 것을 감당할 수가 없습니다.' "

_『유마힐소설경』「제자품」, 동국대학교 불교기록문화유산 아카이브(kabc.dongguk.edu)

네 종류의 출가

출가는 네 가지가 있다. 첫째는 몸과 마음이 모두 출가하지 못한 것이고, 둘째는 몸은 출가했으나 마음이 출가하지 못한 것이며, 셋째는 몸은 출가하지 못했으나 마음은 출가한 것이며, 넷째는 몸과 마음이 함께 출가한 것이다.

_『유마힐경문소』, 동국대학교 불교기록문화유산 아카이브(kabc.dongguk.edu)

출가자가 해야 할 여덟 가지 일

부처님의 제자가 된 사람은 항상 밤낮으로 여덟 가지 큰 사람의 깨달음[八大人覺]을 지극한 마음으로 염송해야 한다.

첫째, 세간은 무상하고, 국토는 위태롭고 약하며, 사대(四大)는 괴롭고 공하며, 오음(五陰)에는 나[我]가 없음을 깨달아라. 나고 죽고 변하고 달라짐은 거짓이어서 주체가 없다. 마음은 악의 근원이며, 몸은 죄의 수풀이니, 이렇게 관찰하면 점점 생사를 벗어날 것이다.

둘째, 욕심이 많으면 고통이 되는 줄 깨달아라. 생사에 시달림은 탐욕에서 일어나니 욕심이 적고 함이 없으면 몸과 마음이 자재하리라.

셋째, 마음에 만족함이 없이 오직 많이 구하기만 하면 죄악을 더하는 것임을 깨달아라. 보살은 그렇지 않아 항상 만족할 줄 알고 가난하더라도 편안하게 도를 지키며 오직 지혜로써 업을 삼는다.

넷째, 게으르면 타락한다는 것을 깨달아라. 항상 부지런히 수행하여 번뇌의 적을 깨뜨리고, 네 가지 마군을 항복 받아 음계(陰界)의 감옥에서 벗어나야 한다.

다섯째, 어리석은 이의 생사를 깨달아라. 보살은 항상 널리 배우고 많이 들으며, 지혜를 더하고 뛰어난 말솜씨를 성취하며, 모두를 교화하여 모두 크게 즐겁게 하기를 생각한다.

여섯째, 가난하고 괴롭고 원수가 많은 것은 나쁜 인연이 어지러이 맺어진 것임을 깨달아라. 보살은 보시하며 원수와 친한 이를 평등하게 생각하고, 지난날의 잘못을 생각지 않고 나쁜 사람을 미워하지 않는다.

일곱째, 다섯 가지 욕심의 허물을 깨달아라. 비록 속인이라도 세상의 즐거운 생각에 물들지 말고, 세 가지 옷과 병과 법기(法器)인 발우로써 출가를 소원할 것이며, 맑고 결백한 도를 지켜 범행을 높고 멀게 하며, 온갖 것을 자비롭게 대해야 한다.

여덟째, 생사의 훨훨 타는 고통이 한량없음을 깨달아라. 대승의 마음을 일으켜 모두를 제도하며, 중생의 한량없는 고통을 대신하고자 소원하여 모든 중생이 끝끝내 크게 즐거워하게 해야 한다.

이러한 여덟 가지는 모든 부처님과 보살들, 큰 사람들이 깨달으신 바이니, 부지런히 도를 행하며 자비롭게 지혜를 닦으라. 법신(法身)의 배를 열반의 언덕에 대고, 다시 생사의 언덕으로 돌아와 중생을 제도하라. 앞의 여덟 가지로써 모두를 인도하여, 모든 중생으로 하여금 생사의 고통을 깨달아 다섯 가지 욕심을 버리고 마음의 성스러운 도를 닦게 하라. 만일 부처님의 제자가 이 여덟 가지를 외운다면 생각마다 한량없는 죄를 소멸하고, 보리에 나아가 속히 정각(正覺)의 지위에 오를 것이며, 영원히 생사를 끊고 항상 쾌락한 경지에 머무를 것이다.

_『불설팔대인각경』, 동국대학교 불교기록문화유산 아카이브(kabc.dongguk.edu)

<발심수행장>의 출가 이야기

사람이 누군들 산에 들어가
도를 닦고 싶지 않을까마는
그렇게 하지 못하는 까닭은
애욕에 얽혀 있기 때문이다.

자기의 즐거움을 능히 버린다면
믿고 존경하는 성인과 같을 것이고
하기 어려운 수행을 능히 행한다면
존중하는 부처와 같을 것이다.

높은 산 큰 바위 그늘은 지혜로운 사람이 사는 곳이고
푸른 소나무 깊은 계곡은 수행자가 거처하는 곳이다.

소리 울리는 바위굴을 염불당 삼고
울며 날아가는 기러기를 마음의 벗으로 삼아야 한다.

눈 깜짝할 사이에 백 년이 흘러가는데 어떻게 배우지 않으며
일생이 몇이나 된다고 자신을 구제하는 데 게으름만 피우는가.

마음속 애욕을 벗어난 사람을 사문이라 하고
세속에 미련을 품지 않은 것을 출가라 한다.

수행자가 비단옷을 입음은
개가 코끼리 가죽을 덮어쓴 꼴이요
도 닦는 사람이 세속에 연연하면

고슴도치가 쥐구멍에 들어가는 격이다.
지혜로운 자의 수행은 쌀로 밥을 짓는 것과 같고
지혜롭지 못한 자의 수행은 모래로 밥을 짓는 것과 같다.

죽을 얻어 축원을 하되 그 의도를 알지 못하면
모든 신도들에게 창피한 일이 아니며
밥을 얻어 범패를 불되 그 취지를 이해하지 못하면
모든 현성들께 부끄러운 일이 아니겠는가.

수행하지 않는 쓸데없는 몸은 길러도 이익 없고
덧없이 뜬 목숨은 사랑하고 아껴도 보존치 못한다.

수행자의 마음이 깨끗하면 모든 하늘이 함께 찬탄하고
도인이 색(色)을 연모하면 선신(善神)이 버리고 떠난다.

세상일이 끝없다 보니 세상일을 버리지 못하고
세상일을 끝없이 도모하다 보니
중생심을 끊겠다는 생각을 일으키지 않는다.

이 육신은 반드시 종말이 있는 것이니

그렇다면 다음 육신은 어떻게 할 것인가.

정말 급하게 서둘러야 하지 않겠는가.

정말 급하게 서둘러야 하지 않겠는가.

_『발심수행장』, 공파 스님 역, 불광출판사

<치문>의 출가 이야기

출가는 세간을 초월하여 쓰는 마음과 모습이 세상 사람과는 다른 것을 말한다. 거룩한 부처님의 씨앗을 꽃피워 마군을 떨게 하고, 스승 부모 시주 국가 이 네 가지 은혜에 보답하며 모든 중생을 남김없이 구제하는 것이다.

이와 같지 않다면 함부로 출가한 것이니, 말과 행동이 거칠고 서툴러서 신도들의 시주를 헛되이 받아 쓰는 것이다.

부모를 떠나서 결연한 의지로 먹물 옷을 입은 뜻이 어떤 곳을 벗어나려고 한 것인가. 아침저녁으로 그 일을 생각하면 뭉그적거리면서 어찌 세월을 그냥 보낼 수 있단 말인가. 불법의 대들보로서 뒷날 모든 사람의 귀감이 되기를 마음속으로 기약해야 한다. 늘 이 마음을 지니더라도 아직은 조금은 출가한 뜻에 맞추어 사는 것은 아니다.

아주 뛰어난 근기의 수행자는 한 생에 공부가 끝나고 보통 사람이라도 수행자는 성인이 될 마음을 품고 기르고 있으므로 마음의 근원을 깨닫지 못하더라도 그 세월을 헛되이 보내는 것은 아니다.

_『치문』, 원순 스님 역, 법공양

불설출가공덕인연경(佛說出家功德因緣經)

출가의 인연은 그 복이 매우 많다. 아들이나 딸을 놓아주어 출가하게 하거나 사내종이나 계집종을 놓아주어 출가하게 하거나 사람들을 허락하여 출가하게 하거나 자신이 출가하여 도(道)에 들어가면 공덕이 한량이 없다. 보시의 보답은 십 세손[十世]까지 복을 받고 육천(六天)[10]이나 사람이 되어 열 번 왕래하지만 사람들을 놓아주어 출가하게 하거나 자신이 출가하는 공덕보다 못하다. 왜냐하면 보시의 복은 보답에 끝이 있지만 출가의 복은 한량이 없고 끝이 없기 때문이다. 또 계율을 지니는 과보는 오통선인(五通仙人)이 되거나 천

10 육욕천(六欲天)이라고도 하는데 욕계에 속하는 여섯 하늘인 사천왕중천(四天王衆天) · 삼십삼천(三十三天) · 야마천(夜摩天) · 도사다천(都史多天) · 낙변화천(樂變化天) · 타화자재천(他化自在天)이다.

복(天福)의 보답을 받고 궁극에는 범세(梵世)[11]에 이르지만 부처님의 법 중에서 출가의 과보는 불가사의하여 결국에는 열반에 이르기 때문에 복이 다하지 않는다.

가령 어떤 사람이 칠보탑을 세우되 높이가 삼십삼천에 이르더라도 그가 얻는 공덕은 출가보다 못하다. 왜냐하면 칠보탑은 탐욕스럽거나 악하거나 어리석은 사람이 무너뜨릴 수 있기 때문이며, 출가의 법은 헐거나 무너뜨릴 수 없으니 선법을 찾고자 한다면 부처님의 법을 제외하고는 더 이상 뛰어난 것이 없기 때문이다. 예컨대 백 명의 장님이 있는데 한 명의 눈 밝은 의사가 그들의 눈을 치료하여 한꺼번에 밝게 볼 수 있게 하고, 또 백 명이 눈을 도려내는 죄를 지은 경우에 한 사람이 힘이 있어 그들의 죄를 구제하여 눈을 잃지 않게 한다고 하자. 이 두 사람의 복은 한량이 없지만 역시 사람들을 허락하여 출가하게 하거나 자신이 출가하는 것보다 못하니 그 복은 넓고도 크다. 왜냐하면 두 종류의 사람들에게 눈을 보시하더라도 이 사람들은 각자 자기 대에만 이익을 얻을 뿐이고 게다가 육안(肉眼)의 성품이라서 이런 성품은 파괴되기 때문이다. 사람들을 허락하여 출가하게 하거나 자신이 출가하면 차츰 중생들에게 영겁의 위없는 지혜의 눈을 보여 주어 인도하니 지혜의 눈의 성품은 겁을 지나도록 파괴되지 않는다. 그러므로 사람이나 하늘에 태어

11 색계(色界)에 있는 하늘이다.

나는 복을 받아 마음껏 즐거움을 누리되 무궁무진하고 마침내는 불도를 이룬다. 왜냐하면 출가법을 말미암아 악마의 권속들은 사라지고 부처의 종자는 불어나며, 악법은 꺾이고 선법은 자라며, 죄의 허물은 없어지고 위없는 복은 일어나기 때문이다. 그러므로 부처님께서는 "출가하는 공덕은 수미산보다 높고 바다보다 깊으며 허공보다 넓다."라고 하셨다.

만일 어떤 사람이 출가하려는 데 방해를 하여 뜻을 이루지 못하게 하면 그 죄는 몹시 무겁다. 밤의 어둠 속에서는 보이는 것이 없는 것처럼 이 사람의 죄의 과보도 이와 같아 깊은 지옥에 들어가 어둠 속에서 눈이 없을 것이다. 비유하면 바다에는 강과 하천과 온갖 냇물이 모두 그리로 흘러드는 것처럼 이 사람의 죄의 과보도 이와 같아 온갖 죄악이 모두 그 몸에 모일 것이다. 수미산이 겁화(劫火)에 탈 때 남는 것이 없는 것처럼 이 사람도 이와 같아 지옥 불에 타서 그칠 날이 없을 것이다. 비유하면 가류루혜니약(迦留樓醯尼藥)은 아주 쓰지만 그것과 같은 무게의 석밀(石蜜)에 견주는 것처럼 저 선악의 과보도 이와 같아 사람들을 허락하여 출가하게 하거나 자신이 출가하면 공덕이 가장 크다.

출가인은 수다라(修多羅)[12]를 물로 삼아 번뇌[結使]의 때를 씻어 내

12 산스크리트어 Sūtra의 음역어로서 경(經)을 말한다.

고 생사의 고통을 없애 열반의 원인[因]으로 삼으며, 비니(毘尼)[13]를 발로 삼아 맑은 계율의 땅을 밟으며, 아비담(阿毘曇)[14]을 눈으로 삼아 선악을 보고 마음껏 여덟 가지 바른길[八正]을 노닐며 걷다가 열반의 오묘한 성(城)에 이른다. 이런 뜻 때문에 사람들을 놓아주어 출가하게 하거나 자신이 출가하면 늙거나 젊거나 간에 그 복이 가장 뛰어나다.

아난아, 보살에게 네 가지 법이 있어서 몸을 변화시켜 선래비구(善來比丘)[15]가 되며 끝내는 모태[胎]에 들지 않고 연꽃 위에 화생(化生)하여 바로 몸을 나타내고 이어서 목숨을 늘린다. 무엇이 네 가지 법인가? 스스로 출가를 즐거워하고 사람들에게도 권하여 출가하게 하며, 출가의 인연을 돕고 출가하고 나서는 법요(法要)를 말하여 이익과 기쁨을 보이고 가르치니, 이것이 첫 번째 법이다. 또한 아난아, 보살은 스스로 부지런히 정진하여 부처님의 법을 구하고 사람들을 교화하여 정진해 법을 구하게 하니, 이것이 두 번째 법이다. 또한 아난아, 보살은 스스로 온순하고 참는 마음을 행하고 사람들을 교화하여 참는 마음에 머무르게 하니, 이것이 세 번째 법이다. 또한 아난아, 보살은 스스로 방편을 익숙히 행하고 큰 서원을 일으키며 사람들을 교화하여 방편을 행하고 큰 서원을 일으키게 하니, 이것이 네 번째 법이다. 아난아, 보살이 이러한 네 가

---

13 산스크리트어 Vinaya의 음역어로서 율(律)을 말한다.

14 산스크리트어 Abhidharma의 음역어로서 논(論)을 말한다.

15 부처님이 출가하려는 사람을 향하여 "잘 왔다, 비구여."라고 하면 바로 비구가 되어 머리카락이 깎여지고 가사가 입혀지며 구족계를 이루는 것이다.

지 법을 성취한다면 몸을 변화시켜 선래비구가 되고 끝내는 모태를 받지 않아 연꽃 위에 화생한다.

몸을 헐어 지조와 절개 지키며
사랑을 끊어 친히 할 이가 없네.
출가하여 성스러운 도를 넓히고
모든 사람들을 제도하기 바라지.

다섯 가지 덕은 세상 일 뛰어넘어
가장 뛰어난 복전이라고들 하네.
공양하면 영원한 안락을 얻으니
그 복은 으뜸으로 존귀하구나.

집안에 아버지 계시면 즐겁고
어머니 계셔도 즐거워하지.
천하에는 도 있으면 즐겁고
나라에는 사문 있으면 즐겁다네.

_『불설출가공덕인연경』, 동국대학교 불교기록문화유산 아카이브(kabc.dongguk.edu)

선어록 속 출가 이야기

향(香)과 참회(懺悔)를 전하다

- 육조 혜능 스님의 법문 -

(그때 대사께서는 광주와 소주의 사방에서 온 양반과 서민이 늘어서서 모여 산속에서 법문을 듣는 것을 보았다. 이에 법좌에 올라가 대중에게 말씀하셨다.)

자기 마음의 부처를 보고 스스로 제도하라

잘 오셨습니다.

도반들이여, 이 일은 모름지기 자성 속에서 일어나야 합니다.

항상 순간순간 그 마음을 스스로 깨끗이 하여 스스로 닦고 스스로 행하여 자기의 법신을 보십시오.

자기 마음의 부처를 보고 스스로 제도하고 스스로 재계하면, 비로소 여기에 올 필요가 없을 것입니다.

이미 멀리서 와 함께 여기에 모였으므로, 모두 함께 법에 인연이 있는 것입니다.

이제 각자는 호궤합장 하십시오.

내면의 향, 바깥에서 찾지 말라

먼저 자성오분법신향(自性五分法身香)을 전해 주고, 다음에 무상참회를 주겠습니다.

(대중이 호궤합장 하니 스님께서 말씀하셨다.)

첫째 계향이니, 곧 자기 마음속에 잘못도 없고 악도 없고 질투도 없고 탐냄도 없고 성냄도 없고 해를 끼치겠다는 위협도 없는 것을 일러 계향이라고 합니다.

둘째 정향이니, 모든 선하거나 악한 경계의 모습을 보고서 자기 마음에 혼란이 없는 것을 일러 정향이라 합니다.

셋째 혜향이니, 자기의 마음에 가로막힘이 없어서 늘 지혜를 가지고서 자성을 비추어 보아 어떤 죄악도 짓지 아니하고, 비록 많은 선을 닦더라도 마음이 집착하지 않고, 윗사람을 공경하고 아랫사람을 생각하고 고아와 가난한 사람을 긍휼히 여기는 것을 혜향이라고 합니다.

넷째 해탈향이니, 자기 마음에 얽매인 것이 없어서 선도 생각하지 않고 악도 생각하지 않고 자재하여 막힘이 없는 것을 일러 해탈향이라고 합니다.

다섯째 해탈지견향이니, 자기 마음이 이미 선악에 얽매이지 않고 공에 빠져 고요함을 지키지도 않는다면, 모름지기 널리 배우고 많이 들어서 자기의 본래 마음을 알고 모든 깨달음의 이치에 통달하여 온유하고 부드럽게 사물과 접하며 남과 나의 구별이 없고 곧장 참된 자성을 깨달아 바뀌지 않는 것을 해탈지견향이라고 합니다.

도반들이여, 이 다섯 가지 향은 각자의 내면에서 타는 것이니, 바깥에서 찾지 마십시오.

참회, 영원히 끊어서 다시는 짓지 않음

이제 그대들에게 무상참회(無相懺悔)를 주어 삼세의 죄업을 소멸하게 하고 삼업의 청정을 얻도록 해 주겠습니다.

도반들이여, 각자 내 말을 따라서 일시에 말하십시오.

'저희는 과거 · 현재 · 미래에 순간순간 어리석게 헤매지 않으며, 이전부터 가지고 있던 악업으로 어리석게 헤매는 죄를 모두 참회하오니, 원컨대 일시에 소멸하여 영원히 일어나지 않게 해 주소서.

저희는 과거 · 현재 · 미래에 순간순간 교만과 거짓에 물들지 않으며, 지금까지 가지고 있던 악업인 질투의 죄를 모두 참회하오니, 원컨대 일시에 소멸하여 영원히 일어나지 않게 해 주소서.'

도반들이여, 이상이 바로 무상참회입니다.

무엇을 일컬어 참(懺)이라고 할까요?

참이라는 것은 지나간 허물을 뉘우치는 것입니다.

이전부터 가지고 있던 악업 · 어리석음 · 교만 · 질투 등의 죄를 모두 참회하여 영원히 다시는 일으키지 않는 것을 일러 참이라고 합니다.

회(懷)라는 것은 다가올 허물을 뉘우치는 것입니다.

지금 이후로 있을 악업 · 어리석음 · 교만 · 질투 등의 죄를 지금 이미 깨달아 모두 영원히 끊어서 다시는 짓지 않는 것을 일컬어 회라고 합니다. 그러므로 참회라고 부릅니다.

범부들은 어리석어 다만 앞선 허물만 뉘우칠 줄 알고, 앞으로 다가올 허물은 뉘우칠 줄 모릅니다.

앞으로 다가올 허물을 뉘우치지 않기 때문에 앞선 허물이 사라지지 않고 뒤의 허물이 다시 생깁니다.

앞선 허물이 이미 사라지지 않았고 뒤의 허물이 다시 생겨난다면, 무엇을 일러 참회라 하겠습니까?

사홍서원, 실천 수행의 원력을 세움

도반들이여, 이미 참회를 마쳤으면 그대들과 더불어 사홍서원을 내겠습니다.

각자는 정신을 차리고 바로 들어야 합니다.

'내 마음의 중생이 끝이 없지만 제도하기를 서원합니다.

내 마음의 번뇌가 끝이 없지만 끊기를 서원합니다.

내 마음의 법문이 다함이 없지만 배우기를 서원합니다.
내 본성의 불도인 위없는 불도를 이루기를 서원합니다.'

도반들이여, 많은 사람들이 '중생이 끝이 없지만 제도하기를 서원합니다.'라고 어찌 말하지 않겠습니까만, 이와 같이 말하는 것은 내가 말하는 제도가 아닙니다.

도반들이여, 마음속의 중생이라는 것은 이른바 삿되고 어리석은 마음 · 헛된 마음 · 착하지 못한 마음 · 질투하는 마음 · 악독한 마음 등 이러한 마음이 모두 중생입니다.

각자는 모름지기 자성으로 스스로 제도하여야 일러 참된 제도라고 합니다.

무엇을 일러 자성이 스스로 제도한다고 할까요?

자기 마음속의 삿된 견해와 번뇌와 어리석음이라는 중생을 바른 견해를 가지고 제도합니다.

이미 바른 견해를 가지고 있으면 반야의 지혜로써 어리석고 헛되이 헤매는 중생을 때려 부숩니다.

각자 스스로 제도함에 삿됨이 오면 바름으로써 제도하고, 미혹함이 오면 깨달음으로써 제도하고, 어리석음이 오면 지혜로써 제도하고, 악함이 오면 선함으로써 제도합니다.

이와 같이 제도하는 것을 일러 참된 제도라고 합니다.

또 끝없이 번뇌를 끊기를 서원한다는 것은, 자성반야의 지혜를 가지고 허망하게 생각하는 마음을 제도하는 것입니다.

또 끝없는 법문을 배우기를 서원한다는 것은, 모름지기 스스로 자성을 보아 항상 바른 법을 행하는 것을 일컬어 참된 배움이라고 합니다.

또 위없는 불도를 이루기를 서원한다는 것은, 이미 늘 하심을 잘하여 참되고 바르게 행동하는 것입니다.

미혹됨에서도 벗어나고 깨달음에서도 벗어나면, 항상 반야를 드러냅니다. 참됨도 없애고 허망함도 없애면, 불성을 봅니다.

곧장 말을 듣고서 불도가 이루어져 늘 잊지 않고 실천 수행하면, 이것이 곧 원력법입니다.

자기부처에 귀의하라

도반들이여, 이제 사홍서원을 내었으니 다시 그대들에게 무상삼귀의계(無相三歸依戒)를 주겠습니다.

도반들이여, 각이족존(覺二足尊: 두 발로 걷는 인간 가운데 가장 존귀한 깨달은 부처님)에게 귀의하시고, 정이욕존(正離欲尊: 올바르게 탐욕을 벗어난 가장 존귀한 부처님)에게 귀의하시고, 정중중존(淨衆中尊: 계율을 잘 지키는 깨끗한 무리들 가운데 가장 존귀한 부처님)에게 귀의하십시오.

오늘부터는 깨달음을 스승으로 삼고 다시는 삿된 마귀와 같은 외도에 귀의하지 마시고, 자성삼보(自性三寶)에 귀의하십시오.

불은 깨달음이고, 법은 바름이고, 승은 깨끗함입니다.

자기의 마음이 깨끗함으로 돌아가 의지하면, 삿됨과 미혹함이 일어나지 않고, 욕망이 없어져 족함을 알게 되고, 능히 재와 색에서 벗어나니 두 발로 걷는 존귀한 분이라고 일컫습니다.

자기의 마음이 올바름으로 돌아가 의지하면, 생각 생각에 삿된 견해가 없고, 삿된 견해가 없기 때문에 나와 남의 구분과 우쭐댐과 탐애와 집착이 없으니 이것을 일컬어 욕망을 벗어난 존귀한 분이라고 합니다.

자기의 마음이 깨끗함에 돌아가 의지하면, 모든 번뇌와 애욕의 경계에 자성이 전혀 물들거나 집착하지 않으니 이것을 일컬어 무리 가운데 존귀한 분이라고 합니다.

만약 이러한 행을 닦는다면 스스로에게 돌아가서 의지하는 것입니다.

범부들은 알지 못하고 아침부터 밤까지 삼귀의의 계를 받습니다.

만약 부처에게 귀의한다고 한다면, 부처님은 어디에 있습니까?

만약 부처를 만나지 못한다면, 무엇에 의지하여 귀의하겠습니까?

말이 도리어 허망해집니다.

도반들이여, 각자 스스로 살펴서 마음을 잘못 쓰지 마십시오.

경전의 문장에서 분명히 자기 부처에 귀의하라고 말하였지, 다른 부처에 귀의하라고 말하지 않았습니다. 자기 부처에 귀의하지 않는다면, 귀의할 곳이 없습니다.

이제 이미 스스로 깨달았다면 각자는 모름지기 자기 마음의 삼보에 돌아가 의지하여야 합니다. 안으로 심성을 조복하고 밖으로 다른 사람을 공경하면, 이것이 바로 자기에게 귀의하는 것입니다.

도반들이여, 이미 자성삼보(自性三寶)에 귀의를 마쳤으니 각자는 마음에 새기십시오.

삼신(법신 · 화신 · 보신) 부처님은 자성 속에 있다

내가 일체삼신자성불을 말해 주어서 그대들로 하여금 삼신을 밝게 보아 스스로 자성을 깨닫도록 하겠습니다.

모두들 나를 따라 말하십시오.

'나의 육신에서 청정법신불에게 귀의합니다.

나의 육신에서 천백억화신불에게 귀의합니다.
나의 육신에서 원만보신불에게 귀의합니다.'

도반들이여, 육신은 부처님이 머무는 집이니, 귀의할 곳이라고 말할 수 없습니다.

삼신불은 자성 속에 있으니, 세상 사람들이 모두 가지고 있습니다. 자기의 마음이 어리석기 때문에 안의 자성을 보지 못하고 밖으로 삼신불을 찾으니, 자신 속에 삼신불이 있음을 보지 못하는 것입니다.

그대들은 나의 말을 들으십시오.

그대들이 자신 속에서 자성에 삼신불이 있음을 보도록 해 주겠습니다. 이 삼신불은 자성에서 생기니 밖에서 얻지는 못합니다.

법신, 자기 본성에 귀의하는 것이 참된 부처에 귀의하는 것

무엇을 일러 청정법신이라고 할까요?

세상 사람들의 자성은 본래 깨끗하지만, 만법이 자성으로부터 생겨납니다.

온갖 악한 일을 생각하면 악한 행동이 생겨나고, 온갖 선한 일을 생각하면 선한 행동이 생겨납니다.

이와 같이 모든 법은 자성 속에 있습니다.

마치 하늘은 항상 깨끗하고 해와 달은 밝게 빛나지만 구름이 하늘을 뒤덮으면 구름 위는 밝고 구름 아래는 어두워지고, 문득 바람이 불어 구름이 흩어지면 구름 위와 아래가 함께 밝아져 만물의 모습이 모두 드러나는 것과 같습니다. 사람의 본성이 늘 떠돌아다니는 것은 마치 저 하늘의 구름과 같습니다.

도반들이여, 지(智)는 해와 같고 혜(慧)는 달과 같아서 지혜는 항상 밝으나 바깥으로 경계에 집착하니 허망한 생각이라는 뜬구름에 뒤덮여 자성이 밝지 못합니다.

만약 선지식을 만나 참되고 바른 법을 듣고서 헛된 어리석음을 스스로 제거하면, 안팎이 밝게 통하여 자성 속에 온갖 법이 모두 나타납니다. 견성한 사람 역시 이와 같으니, 이것을 일러 청정법신불이라고 합니다.

도반들이여, 마음이 자기 본성에 귀의하는 것이 참된 부처에 귀의하는 것입니다.

자기에게 귀의하는 것은 자기 본성 속에서 선하지 못한 마음, 질투하는 마음, 교만한 마음, '나다 나다' 하는 마음, 속이고 거짓된 마음, 남을 업신여기는 마음, 잘난 척하는 마음, 삿된 견해를 가진 마음, 우쭐대는 마음과 모든 때에 선하지 않은 행위를 제거하고, 항상 자기의 허물을 스스로 보고, 타인의 좋고 나쁨을 말하지 않는 것이 자기에게 귀의하는 것입니다.

모름지기 늘 마음을 낮추어 두루 공경을 행하는 것이 곧 본성을 보아 통달하여 다시는 가로막힘이 없는 것이고 자기에게 귀의하는 것입니다.

화신, '자성의 변화'
한 생각 돌이켜서 선해지면 지혜가 곧 생긴다

무엇을 일러 천백억화신이라 할까요?

만약 어떤 법도 생각하지 않는다면, 자성은 본래 허공과 같습니다.

한순간이라도 생각한다면, 이것을 일러 변화라고 합니다.

악한 일을 생각하면 지옥으로 변화하고, 선한 일을 생각하면 천당으로 변화하고, 독하고 해로움을 생각하면 용이나 뱀으로 변화하고, 자비를 생각하면 보살로 변화하고, 지혜를 생각하면 상계[성인의 세계를 가리킴]로 변화하고, 어리석음을 생각하면 하방[범부의 세계를 가리킴]으로 변화합니다.

자성이 변화하는 것은 매우 많으나 어리석은 사람은 깨닫지 못하고 순간순간 악을 일으켜서 늘 악한 길을 갑니다만 한 생각을 돌이켜서 선해지면 지혜가 곧 생기니, 이것을 일러 자성화신불이라 합니다.

보신, 순간순간 스스로 보아 본념을 잃지 않는 것

무엇을 일러 원만보신이라 할까요?

비유하자면, 하나의 등불이 천 년 동안의 어둠을 없앨 수 있듯이 하나의 지혜가 만 년 동안의 어리석음을 없앨 수 있습니다.

과거를 생각하지 말지니, 지나간 과거는 얻을 수 없습니다. 늘 앞날을 생각하며 순간순간 두루 밝으면 스스로 본성을 볼 것입니다.

선과 악이 나누어져 있지만, 본래 자성은 둘이 없습니다. 둘이 없는 자성을 일러 실성(實性)이라 합니다. 실성 속에서 선악에 물들지 아니하는 것, 이것을 일러 원만보신이라 합니다.

자성이 한순간 악한 생각을 일으키면 만겁 동안의 선한 원인을 없애게 되고, 자성이 한순간 선한 생각을 일으키면 갠지스강 모래알만큼 많은 악한 일을 없앨 수 있습니다. 곧장 무상보리에 도달하여 순간순간 스스로 보아 본념을 잃지 않는 것을 일러 보신(報身)이라 합니다.

도반들이여, 법신으로부터 생각하는 것이 곧 화신불(化身佛)입니다. 순간순간 자성이 스스로 보면 곧 보신불입니다.

스스로 깨닫고 스스로 닦는 자성의 공덕이 바로 참된 귀의입니다. 피부와 근육은 육체인데, 육체는 집이니 귀의한다고 말하지 않습니다. 자성의 삼신을 깨닫기만 하면, 곧 자신의 부처를 아는 것입니다.

무상송

나에게 하나의 무상송이 있으니 만약 외워 지닐 수 있다면, 말하는 사이에 그대들의 몇 겁 동안 쌓인 죄를 일시에 소멸시킬 수 있습니다.

(무상송을 말씀하셨다.)

어리석은 사람은 복을 닦고 도는 닦지 않으며
단지 복 닦는 것이 곧 도라고 말할 뿐이다.
보시와 공양의 복이 끝이 없더라도
마음속에서 죄의 원인을 제거하면
각각 자성 속에 참된 뉘우침이 있다.

문득 대승을 깨달아 참으로 참회하여
삿됨을 제거하고 바름을 행하면 죄는 없다.
도를 배우는 사람이 늘 자성을 본다면
온갖 부처들과 동일한 부류가 될 것이다.
우리 조사들께서는 이 돈법을 전했을 뿐이니
자성을 보아 동일한 바탕이 되기를 서원하라.
만약 곧장 법신을 찾고자 하면
마음속에서 모든 법의 개념을 씻어내 버려라.
노력하여 스스로 보되 게으름을 부리지 말지니
뒷순간에 문득 끊어지면 한 세월이 쉬워질 것이다.
만약 대승을 깨달으면 자성을 볼 수 있으니
경건하고 공손하게 합장하여 지극한 마음으로 구하라.

(혜능 대사께서 말씀하셨다.)

도반들이여, 모두 외워서 기억하십시오. 이것에 의지해서 수행하여 말하는 사이에 자성을 보게 되면, 비록 나와 천 리를 떨어져 있다고 하더라도 마치 항상 내 곁에 있는 것과 같습니다. 말하는 사이에 깨닫지 못한다면, 얼굴을 마주보고 있어도 천리나 떨어져 있는 것입니다. 어찌 애써 멀리서 찾아오겠습니까?

(대중이 법을 듣고서는 깨닫지 아니한 자가 없이, 찬탄하면서 즐거이 받들어 행하였다.)

_『육조단경』, 김태완, 침묵의향기

3부

불교는 좋지만 출가는 겁나는 너에게

출가 사례

꿈을 이루기 위해 16세에 출가한 A스님

"왜 그렇게 어린 나이에 출가하셨나요?"

16세에 출가한 A스님에게 많은 이들이 호기심 어린 눈빛으로 이렇게 물어봅니다. 그때마다 스님은 "출가는 제 꿈을 이룬 것."이라고 당당하게 말합니다.

고요한 새벽 여법하게 예불을 올리는 스님들의 모습, 공손한 합장 인사로 덕담을 건네는 스님들의 모습, 안거 기간 중 산문 출입을 금하고 참선 정진에 매진하는 스님들의 모습이 큰 울림으로 다가왔습니다. '스님들은 정말 멋있구나!' 하는 생각이 절로 들었지요. 이후 장래 희망을 묻는 선생님과 친구들에게 "스님!"이라고 당당히 말하고 다녔습니다. '언제 출가해야 할까'를 고민하던 어느 날, 은사스님께서 가사를 수하고 법상에 오르시는 모습을 본 순간 '아, 지금 출가해야겠구나.'라는 결심이 절로 들었습니다.

소년출가자답게 "젊은 세대들과 격의 없이 소통하는 스님이 되겠다."는 서원을 세운 A스님은 오늘도 사찰 승가대학에서 열심히 학업과 습의에 매진하고 있습니다.

심리상담사가 되고 싶던 고3, 출가하다

B스님은 불교 종립학교를 다니며 심리상담사라는 꿈을 이루기 위해 준비하던 평범한 고등학생이었습니다. 하고 싶은 것도, 먹고 싶은 것도 많던 그가 출가를 결심하게 된 이유는 "고통을 해결하기 위해서."라고 합니다.

수업 시간, 교법사님이 "고통에서 벗어나는 방법은 걸림 없이 살아가는 것, 욕심 없이 살아가는 것, 집착 없이 살아가는 것."이라고 법문하신 내용이 마음에 와닿았다고 합니다. '고통 해결'을 위해 심리상담사가 되겠다고 마음먹었는데, 그 방법을 불교의 가르침에서 찾을 수 있겠다는 생각이 든 것이지요.

그러나 고등학교 3학년 시기에 출가를 결행하기는 쉽지 않았을 터. 그때 힘이 된 것이 대한불교조계종의 소년출가 제도입니다. 소년출가(만 13세 이상 ~ 만 19세 미만)의 경우 행자교육 과정이 면제될 뿐 아니라, 중앙승가대학이나 동국대학교에 진학할 경우 전액 장학금 혜택을 받을 수 있기 때문입니다. 학업과 행자 생활을 병행하는 것이 쉽진 않겠지만 "고통 없이 행복하게 사는 법을 나누고 싶다."는 원력이 더 컸기에 출가를 결심하게 되었다고 합니다.

"사찰 생활이 답답하고 지루할 거라 생각하지만, 나에 대해 생각할 시간이 많아지면서 누구보다 나를 더 잘 알게 됩니다. 청소년 여러분! 학업도 중요하지만 한 번쯤 내가 진정 원하는 것이 무엇인지, 어떤 삶을 살고 싶은지 깊이 고민해 보시길 바랍니다."

3남매의 소년출가기

SNS에서 1만5천 명이 넘는 팔로워를 가진 인플루언서 C스님. 군법당에서 스님이자 군인으로 장병들과 호흡하며 군 포교에 앞장서고 있는 스님은 3남매가 모두 소년출가한 경우입니다. 이는 속가 부모님의 적극적인 출가 권유가 있었기에 가능한 일이었습니다.

C스님은 중학교 2학년이던 15살에 13살 여동생, 12살 남동생과 함께 출가의 길에 들어섰습니다. 삭발염의했다고는 하나 아직은 부모님의 품이 그리운 아이들이었을 터. C스님은 "출가한 뒤 한 달은 엉엉 울었습니다. 하지만 스님들께서 정말 따뜻하고 포근하게 대해 주셨어요. 방학 때마다 바닷가나 스키장에 데리고 다니며 즐거운 추억을 만들어 주시고, 사중 스님들 몰래 치킨도 사 주시면서 부모님 이상으로 전폭적인 지원을 해 주셨습니다."라고 회고합니다. 이처럼 사찰 대중의 관심과 사랑을 한 몸에 받으며 자랐기에 질풍노도의 시기라는 10대 시절을 어렵지 않게 지낼 수 있었지요. 군 제대 후 대학교를 다니던 C스님은 은사스님의 조언으로 군종장교로 자원입대했습니다. 이후 SNS를 통해 친근하고 쉬운 법문과 라이브 방송 등으로 새로운 포교의 장을 열고 있습니다. 함께 출가한 여동생, 남동생 스님과도 서로의 정진을 응원하는 든든한 도반으로 지내고 있습니다.

청년출가학교에서 맺은 출가 인연

학창시절부터 늘 모범생으로 불렸던 D스님. 많은 이들이 부러워하는 대학에 진학해 아나운서를 꿈꾸었고, 입대한 후에는 군법사가 없는 법당에서 일과 후 청소 등 자원봉사를 했습니다. 이때의 경험은 어렴풋이 불교가 어떤 가르침인지, 스님이 어떤 일을 하는지 알 수 있는 계기가 되었습니다. 제대 후에는 군대에서 받은 월급과 아르바이트로 번 돈을 모아 인도 순례길에 올랐고, 아프리카로 자원봉사도 다녀왔습니다. 좀 더 큰 세계를 만난 것을 계기로 외무고시를 준비하다 해남 미황사에서 열린 청년출가학교에 참가하게 됐습니다. 공부로 지친 몸과 마음을 달래기 위해 떠난 여행이 출가의 길로 이어졌습니다.

가족들로서는 깜짝 놀랄 일이었지만, 사실 스님에게는 출가가 갑작스러운 결심이 아니었습니다. 불교를 좋아하고, 주변의 시선과 평가에서 벗어나 오롯이 존재의 의미를 참구해 보고자 하는 마음을 오래 품어왔기 때문입니다. "인천(人天)의 스승이 되고자 하는 길을 왜 막느냐."는 아들의 말에 결국 출가를 승낙하고 삼배로 배웅하던 부모님의 바람대로 D스님은 오늘도 행복한 출가자의 삶을 살아가고 있습니다.

행복을 찾아 다시 절로 돌아오다

E스님은 어릴 때부터 집안 사정으로 절에서 생활했습니다. 부처님 품에서 스님들의 극진한 보살핌을 받으며 학창시절을 보냈지요. 하지만 한 번도 출가해서 스님이 되어야겠다는 생각은 들지 않았습니다. 빨리 사회에 나가 독립하고 싶어 실업계 고등학교에 진학했고, 취업의 부푼 꿈을 품고 살았습니다.

고등학교 2학년 무렵, 문득 '이렇게 살면 내 인생이 행복할까?'라는 의문이 마음속에 자라나기 시작했습니다. 그 마음을 들여다보기라도 한 것처럼 은사스님이 "출가도 한 가지 길이 될 수 있다."라는 조언을 해 주셨습니다. E스님은 처음엔 '난 절대 출가하지 않을거야.'라는 반발심도 생겼다고 합니다. 하지만 불교 경전과 관련 책을 찾아 읽어 보며 조금씩 마음이 바뀌었습니다. 이른 나이에 취업해 돈과 즐거움만을 추구하는 삶을 살기보다, 자신을 절제하고 수행하며 진정 나란 무엇인지를 공부하는 것이 더 큰 행복이 아닐까 하는 마음이 들었기 때문입니다.

결국 E스님은 은사스님과의 오랜 상담 끝에 출가를 선택하게 되었습니다. 어릴 적 하루빨리 벗어나고만 싶었던 절이 이제는 평생의 수행터가 된 셈입니다.

진리를 위해 살겠습니다

'스님'이라고 하면, 안타까운 사연이 있지 않을까 하고 생각하게 됩니다. 하지만 F스님의 출가 이야기를 들으면 생각이 달라질 것입니다.

평범한 가정에서 자라 남들이 부러워하는 명문 대학에 입학했습니다. 종교에 유독 관심이 많았던 그는 초기 경전을 읽고, 참선을 접하게 되면서 서서히 '출가가 나의 길'이라 확신하게 됐다고 합니다. 소설가가 되고자 했던 그는 대학 졸업식에 참석하는 대신 사찰로 향했습니다.

출가 후의 행보도 예상과 사뭇 다릅니다. 돌연 2년간의 세계 일주를 감행하는가 하면, 쉴 때면 PC게임을 한다고 솔직히 밝히기도 했습니다. 블로그와 SNS에 글을 올리고, 유튜브 방송도 진행합니다. 여행이나 게임, 유튜브를 수행의 방편으로 삼겠다는 마음에서입니다. 모두 새로운 환경에서 새로운 사람을 만나 부처님의 가르침을 전하는 일이니까요.

"진리를 위해 살겠다."는 일념으로 출가한 스님의 진정성이 전해진 덕분인지, 처음엔 '스님이 왜 여행하고 게임을 하냐'고 곱지 않은 시선으로 보던 사람들도 지금은 응원의 마음을 보내고 있습니다. 스님의 출가 이야기는 거창한 계기가 없어도, 애틋한 사연이 없어도 출가할 수 있음을 여실히 보여 줍니다.

F스님처럼 한 생각 바꾸어 진리의 길에 들어서지 않으시겠습니까?

문화포교의 원력으로 출가한 자매

G스님과 H스님은 같은 날, 같은 은사를 모시고 출가한 자매입니다. 출가 전 출판사에서 편집자와 디자이너로 일했던 두 스님은 이제 책과 그림으로 사람들의 마음에 행복을 전하는 '문화포교사'를 꿈꾸는 좋은 도반이 되었습니다.

먼저 출가에 마음을 낸 건 언니인 G스님입니다. 스님은 어머니와 함께 찾은 템플스테이에서 명상프로그램을 접한 뒤 삶의 목표가 바뀌었다고 합니다. 한때 '행복은 돈을 많이 버는 것'이라고 생각했으나, 명상을 통해 '진정한 행복'을 찾는 길이 더 중요함을 깨닫게 된 것이지요. 이 좋은 길을 혼자만 갈 수는 없는 노릇. 동생에게 "같이 출가하자."라고 제안했더니 흔쾌히 받아들여 자매가 함께 출가를 결행하게 되었습니다.

두 스님은 출가 전 이력을 살려 승가대학 학인 시절 출판사를 설립해 10여 권의 책을 발간하는 한편, 각각 출판과 디자인 전공으로 박사과정까지 수료했습니다. 이후 부처님의 가르침을 쉽고 재미있게 전달하기 위해 컬러링북을 펴냈고, 현대미술 작품으로 개인전과 단체전을 열기도 했습니다. 두 스님은 문화포교의 원력을 세우고 책과 연계한 명상, 글쓰기, 그림 등 다양한 마음치유 프로그램을 진행하기 위해 차근차근 준비해 나가고 있습니다.

굴곡진 삶에 내린 부처님의 가피

I스님은 한때 대기업 엔지니어로 승승장구했습니다. 초고속 승진을 하며 인정받던 그는 자신의 능력을 시험해 보고자 퇴사 후 해외에서 큰 사업을 벌였습니다. 우리나라와 수교가 맺어질 것이라는 소식에 사업 전망이 매우 밝을 것이라 예측한 것이지요. 하지만 야심찬 계획과 달리 사업은 2년 만에 파산했고, 가방 하나 멘 채 쓸쓸히 귀국해야 했습니다. 자존심이 강했던 그는 가까운 이들에게 초라한 모습을 보이기 싫어 공사장 막노동으로 하루하루를 연명했습니다. 쓰린 속을 달래려 한두 잔 마시던 술은 어느새 중독 상태에 이르렀고 불쑥불쑥 자살 충동이 올라왔습니다.

그러다 우연히 숙소 근처 절에 발길이 닿았고, 도량에서 만난 한 신도의 권유로 얼떨결에 1만 배에 도전했습니다. 실패로 점철된 것만 같던 삶이었지만 '절하다 죽어도 좋다'는 마음으로 1만 배를 하고 나니 못 이룰 일이 없을 것만 같았습니다. 그길로 30대 중반의 나이에 출가사문의 길에 들어섰습니다.

출가 후 매일 2km의 산길을 삼보일배로 오르는 3년간의 수행 끝에, 기적 같은 불사를 이루어 냈습니다. '또다시 실패한 나'를 보고 싶지 않아 시작한 1만 배가 결국 스님이 되어 수행자의 길로 나아가는 징검다리가 되어 준 셈이지요. I스님은 "출가하기에 빠르거나 늦은 나이는 없다."라며 "무상 · 무아 속에서 우리의 존귀함을 발견하는 것이 곧 출가의 길."이라고 말합니다.

불연(佛緣)이 맺어 준 출가

J스님은 국민의 70%가 불교도인 나라, 스리랑카에서 태어났습니다. 하지만 스님은 15년 전 한국의 수행자로 다시 태어났습니다.

불교 집안에서 태어나 대학에서 불교철학과 국제관계학을 공부하던 중, 한국국제협력단에서 진행하는 한국어 교육 프로그램을 들으면서 한국이란 나라에 처음 관심을 품게 되었습니다. 그 후 스리랑카에 의료봉사를 온 한국 스님의 통역을 맡게 됐고, 2011년에는 연수 학생 자격으로 한국에 첫발을 디뎠습니다. 한국 불교의 매력에 푹 빠져 '한국 스님'이 되기로 마음먹고 바로 출가의 길에 들어섰습니다. 말도 잘 통하지 않고 문화도 달라 행자 생활 내내 어려움을 겪었지만, 부처님의 올곧은 제자가 되겠다는 마음으로 버텨 낼 수 있었습니다.

은사스님은 때로는 스승처럼, 때로는 아버지처럼 J스님을 돌봐 주었고, 든든한 지원에 힘입어 박사과정에도 도전하게 되었습니다. 지금은 절 살림을 알뜰히 살피는 한편, 은사스님이 운영하시는 무료 급식소 일도 돕고 한국에 있는 스리랑카 노동자들을 보살피는 일도 게을리하지 않고 있습니다. 스님은 "수행과 공부가 무르익으면 한국과 스리랑카의 교육을 위한 일을 하고 싶다."라는 원력을 마음에 품고 오늘도 열심히 정진하고 있습니다.

1호 은퇴출가자 K스님

지난 2019년 대한불교조계종이 은퇴출가 제도를 시행한 후 '1호' 은퇴출가자가 된 K스님. 어릴 때부터 가족들과 사찰을 자주 찾아 불교에 관심이 많았기에 출가 권유도 종종 받았다고 합니다. 하지만 출가를 결심하기가 쉽지 않았지요.

대학 졸업 후 기업체를 운영하고 외국에 나가 사업을 하는 등 성공한 사업가로 자리 잡았고 결혼 후 단란한 가정도 꾸렸습니다. 자녀들이 다 성장한 후 예기치 않게 이혼을 하게 되자 마음을 다잡기 위해 10년 넘게 붓글씨 사경에 매진했습니다. 오체투지와 하루 한 끼 식사만 하는 일종식도 꾸준히 했습니다. 그러다 은퇴출가 제도를 알게 되어 출가의 인연을 맺게 되었습니다.

K스님은 "누구나 인생에서 도피하고 싶은 순간이 있을 것입니다. 탈출구를 찾는 것이지요. 저는 제가 쌓아 온 경력과 맺어 온 인연을 끊고 단순 명료한 생활을 하기 위해 출가를 선택했습니다. 은퇴를 앞둔 분들이 출가를 결심하기가 결코 쉽지 않겠지만, 대신 본래 자신을 찾게 될 것입니다."라며 하심(下心)하는 마음으로 착실히 수행 정진하겠다는 서원을 밝혔습니다.

교장 정년퇴임 후 출가한 L스님

L스님은 정년퇴임 다음 날, 출가자로 '인생 2막'을 열었습니다. 종립 고등학교를 졸업하고 대학원에서 청담 스님 연구로 박사학위를 취득하기도 했지만 '출가'는 문득문득 스치는 생각에 그쳤다고 합니다. 그러다 경기도의 한 고등학교에서 교장으로 근무하던 중 '은퇴출가 제도'를 알게 됐습니다. "앞으로 절제된 생활을 하며 새로운 세계에서 나를 지켜가고 싶다."라는 출가 선언에 가족들은 어리둥절했지만, 스님은 2년간의 준비를 거쳐 정년퇴임 다음 날 출가했습니다.

환갑이 넘은 나이에 행자가 되어 한참 나이 어린 도반들과 함께 생활하는 일이 쉽지만은 않을 터. 하지만 스님은 "절제된 생활 속에서 수행정진하니 정신이 맑아지고 건강도 많이 되찾았다. 현재의 생활이 무척 만족스럽다."라고 말합니다. 또 앞으로 교직 경험을 바탕으로 인문학 교실을 열겠다는 알토란 같은 계획도 세워 두었습니다.

L스님은 "100세 시대인 만큼 은퇴 전에 인생 후반기를 어떻게 살 것인지 진지하게 고민해 봐야 한다."라며 "다양한 선택지가 있겠지만 나 자신을 찾는 출가의 길을 선택한다면 좀 더 미래지향적인 삶이 될 것."이라고 은퇴출가를 적극 권했습니다.

직장 · 가정의 소임 마치고 출가의 길로

어디서나 볼 수 있는 평범한 가정이었습니다. 대학을 나와 직장을 다니다 남편을 만나 결혼했고 두 명의 자녀를 낳아 키우는 평범한 생활이었습니다. 하지만 나이가 들수록 집안일도, 회사 일도 만만치 않았고 삶의 무게에 힘들어 지쳐 있던 그때 운명처럼 부처님 법을 만났습니다. 불교 서적을 찾아 읽고 집 근처 사찰에 다니며 법문을 들었습니다. 부처님의 일생과 가르침을 배울수록 뒤늦게 불교에 입문한 사실이 안타깝게 느껴졌습니다. 일찍 불법을 알았다면 출가를 했을 텐데, 이미 50세가 넘어 출가를 할 수 없었기에 "다음 생에는 꼭 수행자가 되자."라고 발원하며 아쉬움을 달랬습니다.

세월이 흘러 어느덧 자녀들은 성장해 독립했고, 남편과도 인연을 다했습니다. 그때 지인을 통해 은퇴출가 제도가 있다는 것을 알게 되었습니다. 곧장 자녀들에게 자신의 뜻을 밝히고 직장을 명예퇴직한 후 염원하던 출가를 하게 되었습니다.

M스님은 "5년간의 행자 생활이 쉽진 않겠지만, 다음 생에나 가능할 것 같았던 출가를 이번 생에 할 수 있게 된 것만으로도 기쁘고, 부처님의 가피라 생각한다."라며 "방일하지 않고 꾸준히 정진하겠다."라는 각오를 밝히며 환하게 웃었습니다.

불교는 좋지만
출가는 겁나는

너 에 게

| 출가를 위한 법문 |

초판 1쇄 발행 2023년 11월 30일
초판 2쇄 발행 2024년 1월 5일

발행인 범해
편찬 대한불교조계종 교육원

펴낸이 오세룡
편집 여수령
디자인 최지혜 고혜정
펴낸곳 담앤북스
서울특별시 종로구 새문안로3길 23 경희궁의아침 4단지 805호
전화 02-765-1251 전송 02-764-1251
출판등록 제300-2011-115호

ISBN 979-11-6201-455-4 (03220)

값 16,000원